時間がなくても、
大丈夫！

10分で“いい感じ”の自分になる

ヘア&メイクアップアーティスト
長井かおり
kaori nagai

扶桑社

こんにちは！
ヘア＆メイクアップアーティストの長井かおりです
美容誌やセミナーをとおして、楽しくキレイになれる方法を紹介しています
ん？
なにやら迷える子羊たちの声が……
うまくできない……
時間がない……
老けた……
忙しいママさん
育児や家事が忙しすぎてメイクの時間がとれないんですぅぅぅ
ママー
ママー
確かにお疲れ気味……

メイク迷子さん
コスメもいろいろ試して研究しているのに全然今っぽくならない！
なんか惜しい…
老け見えさん
不器用で髪は毎日ひっつめ！最近はシミも気になってきた～！
悩みますよねー
あきらめるしかないんでしょうか～っ
大丈夫！
メーメーメー
10分でできるミニマムな方法で〝いい感じ〟の自分になれるんですよ
10
minutes
えっ!? 10分!?

ポイントさえ押さえれば10分あれば十分です！
たとえば〝美肌ゾーン〟にファンデを盛るとかね♡
美肌ゾーン〜
美肌ゾーン!? なにそれ!! 気になる——!!
ザワ…
ザワ…
忙しいあなたもパパッとな！ でどうですか？
えっ
10分で!? すごい!!
ツヤー
しかも、くずれにくいからメイク直しも必要ないんです
それは助かる！
いつもメイク直しをする余裕がなくて
ママーおなかすいたー
ママーこぼちたー
はいはいはい

メイク迷子さんはポイントメイクを少し変えるだけで旬のメイクになりますよ
パパッとな!
わ! ホントだ! 今っぽ〜い!
難しく考えなくても大丈夫!
アレンジ次第で
好感度アップメイク
寝坊した日のメイク
マスクの日のメイク
シチュエーション別のメイクや困ったときのメイクもつくれちゃう!

でも…そのコスメ、お高いんでしょ？
いいえ
ドキドキ
塗り方や使い方のテクを覚えれば、必ずしも高いコスメじゃなくていいんです
うそっ うれしい♡
長井さん、髪も〝いい感じ〟なんてムリですよねぇ？
もちろん、できますよ！
キラー
髪はラフにまとめると〝いい感じ〟になるんです
肌悩みもピンポイントでカバーするだけ
ドキドキ
ササッ
わー！ 抜け感があってステキ！
若く見える！

時間をかけなくても、器用じゃなくても、年齢の悩みがあっても、〝いい感じ〟は手に入ります！
じつは私も、毎日バタバタで、朝のメイクは10分もかけていません♡
えーーーっ
メイクやヘアが〝いい感じ〟になるだけで！
毎日がハッピーになるよね♡
気分がアガる!!
メイクをもっと知りたい、楽しみたいという気持ちが大切ですよ！
もっとコツを教えてくださいっ
そう、その意気！
さあ、一緒に楽しみましょう！

Introduction

10分で毎日が変わり、笑顔になれる。“いい感じ”の自分を手に入れよう

こんにちは！　ヘア&メイクアップアーティストの長井かおりと申します。

この本を手にとった方は、きっと「10分」や「いい感じ」というキーワードにひかれたのではないでしょうか？　仕事や家事、育児、介護など…皆さん、必要とされる場面がたくさんあるので、満足にメイクの時間をとれないときがありますよね。私も働くひとりの女性として、よくわかります。「忙しくてメイクする時間がない」「もう年だから新しいメイクは必要ない」…そんなあきらめに近い声が聞こえてくることも少なくありません。でも、そんな声とは裏腹に、私には聞こえるんです。皆さんの心の底の声が。「キレイになりたい」「自分の顔を好きになりたい」って！

だって、メイクやヘアが〝いい感じ〟になると、その日1日がハッピーに過ごせるし、自然と笑顔になれるから。大切な家族や友達の前で、ご機嫌の自分でいられるから。

この本は、そんな皆さんの心の声を受けて始まった生活

情報誌ＥＳＳＥの連載『10分メイク』をベースにした、メイクの指南書です。今まで私が提唱してきた「長井流メイク」を、忙しい人でもできるように、最小限にまとめました。基本のメイクから、シチュエーション別のメイク、ヘアアレンジまで紹介しています。また、知りたかった髪や肌にまつわる基本的な悩みにもお答えしています。

「メイクなんて必要ない！」と思う日もあるかもしれませんが、メイクひとつで気持ちが前向きに変わることは、だれよりもあなたが知っているはず。さあ、この本を手にとり、今日から変えていきましょう！　ほんの10分あれば大丈夫。〝いい感じ〟の自分が手に入りますよ。

CONTENTS

CONTENTS

※ご紹介したアイテムは、2020年10月末時点での税抜価格です。
またパッケージなどが変更されている場合があります

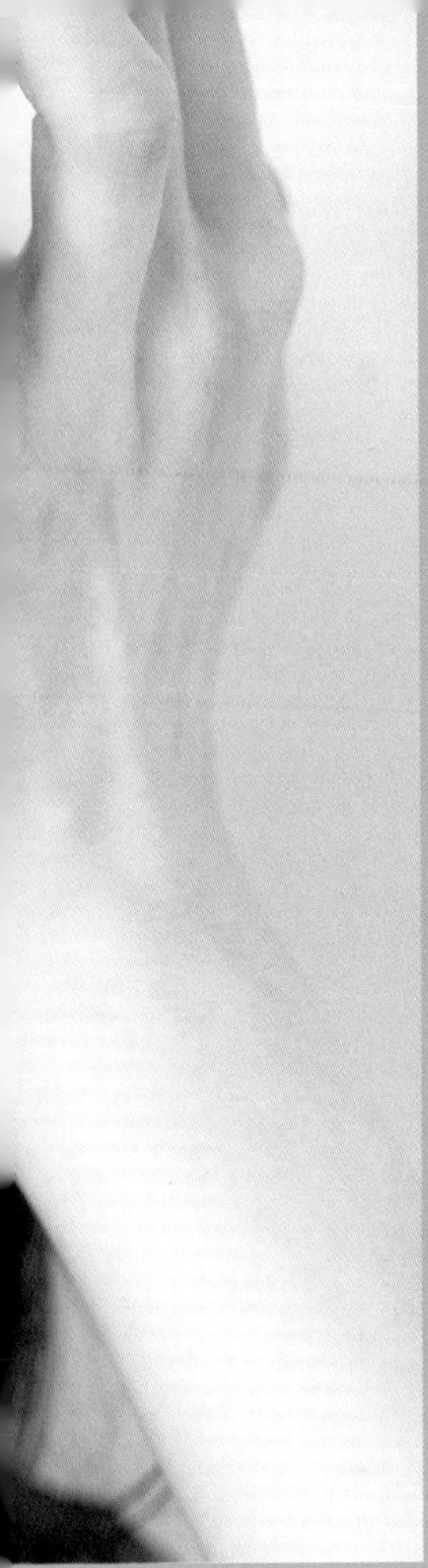

LESSON 1

長井流10分メイクの基本をマスターしよう

ここで紹介する「基本の10分メイク」とは、私がこれまで多くのメディアでお伝えしてきた「長井流メイク」を、忙しい人のため

に最小限にアレンジしたものです。なので、細かい部分についての解説は極力省き、押さえるべきポイントを簡潔に説明しています。

たった10分でできるのに、長井流メイクの最大の長所ともいえる「くずれにくさ」はそのまま。だから、メイク直しをする必要はなく、時間の節約にもなります。しかも、ちょっとしたシミやくすみも、きちんとカバーできますよ。もちろん、難しいテクニックや道具は、一切必要ありません。

じつはこれ、私も日々実践しているメイクなんです。「本当に10分でできるの？」なんて心配はご無用。さあ、一緒に始めましょう。

スキンケアを
すませたら
START!

STEP 01

00:00

毛穴下地で肌をフラットに整える

zoom

指でクルクル

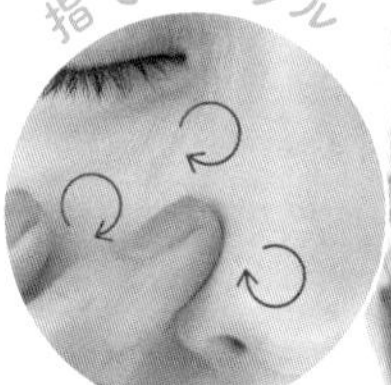

皮脂分泌が多くてくずれやすいTゾーンを中心に毛穴下地を塗ります。中指で小さい円を描きながら、あらゆる方向から毛穴に下地を入れ込み、凹凸をならして

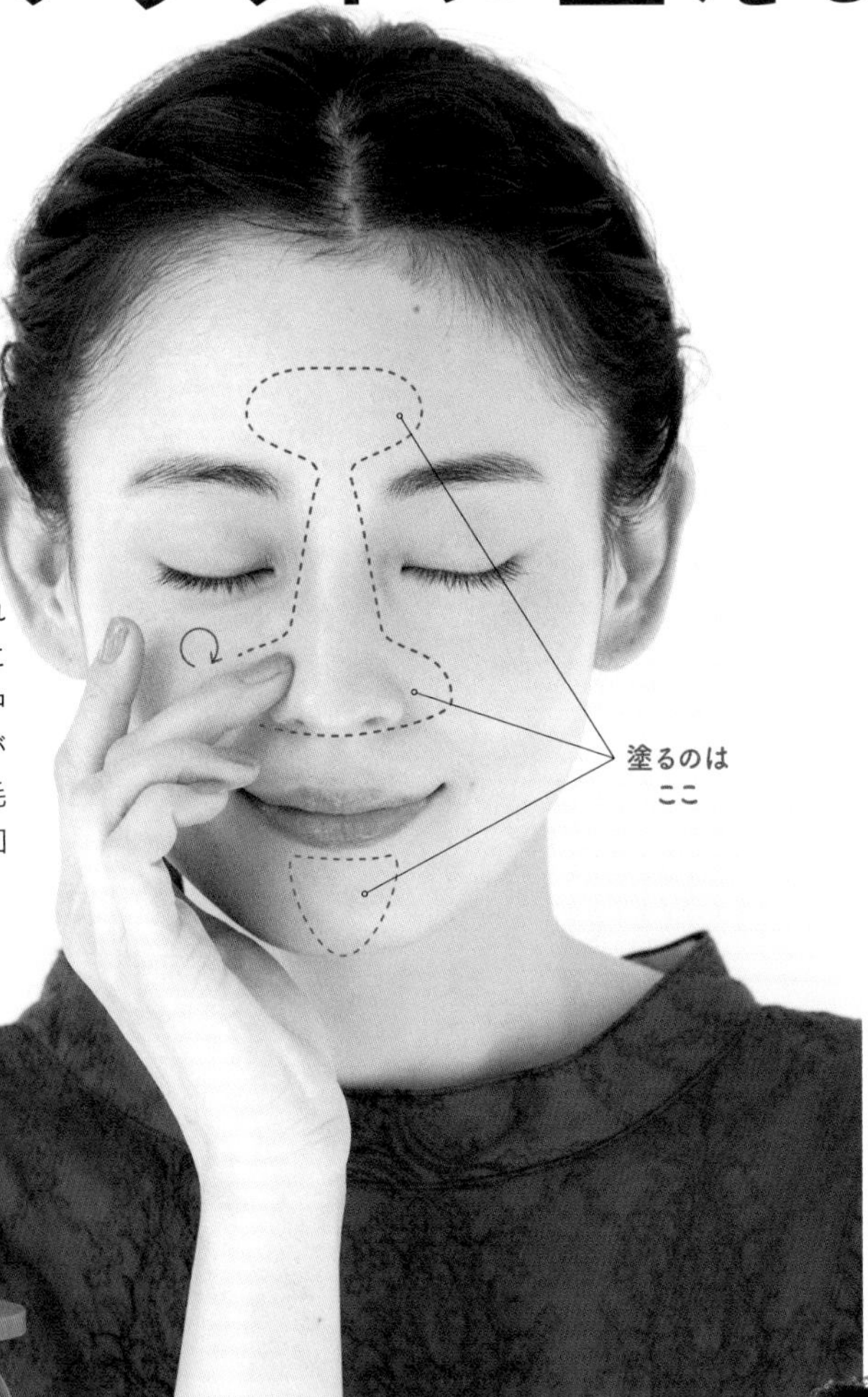

NAGAI'S
おすすめ
アイテム

長井さんプロデュースブランド。毛穴の凹凸を埋め、フラットに整えます。オンリーミネラル N by ONLY MINERALS ミネラルクリアスムーザー ¥2700（ヤーマン）

“下地は、毛穴が目立つ部分だけ専用下地を塗ればOK！ 肌の凹凸をならし、ツルンとしたなめらかな肌になります。次に塗るファンデのノリもよくなり、皮脂を抑えるからくずれにくくなり、メイク直しも不要になりますよ！”

リキッドファンデを2回に分けてのせる

1回目 ファンデをグルグルと「なると置き」に

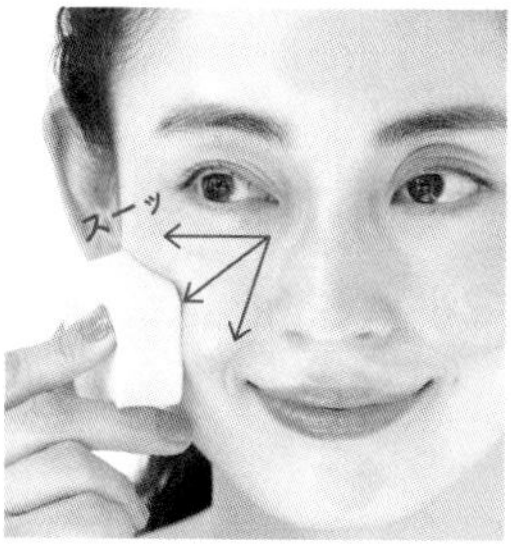

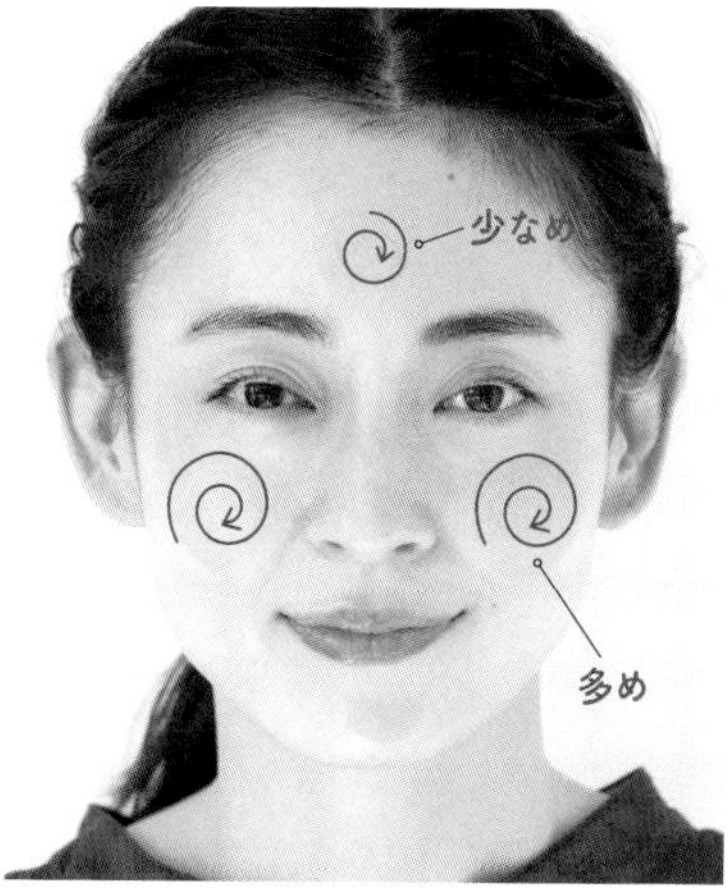

リキッドファンデを頬は多め、おでこは少なめに、なると形にのせ、スポンジの平らな面で内から外へ軽い力でスッとのばし、顔全体に広げます

↓

2回目 目の下の「美肌ゾーン」に盛り、たたいてなじませる

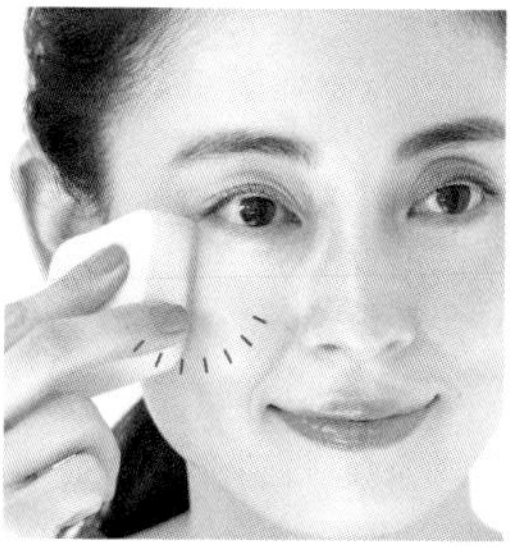

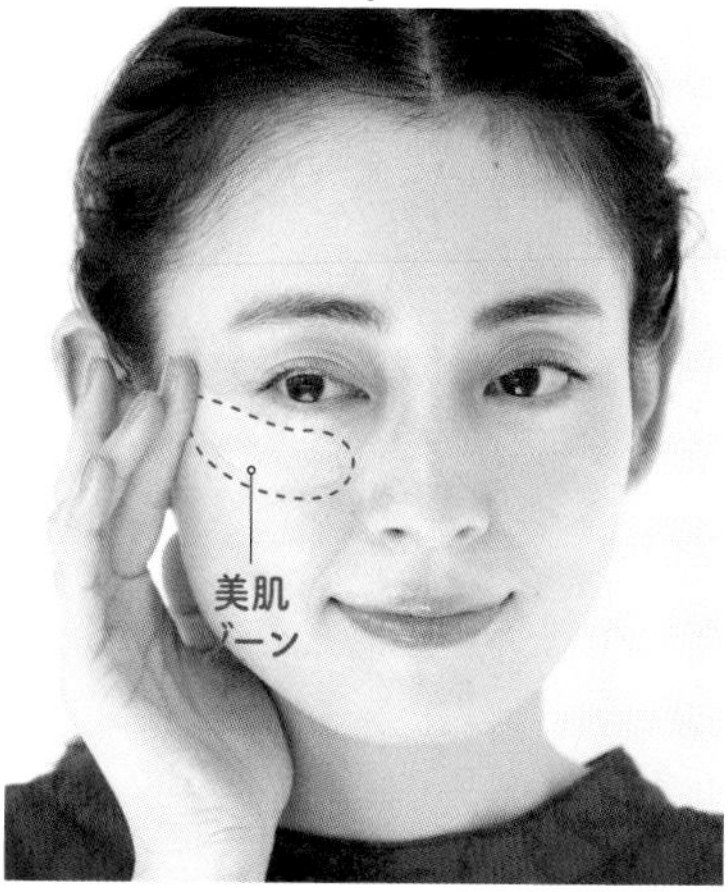

目頭下〜頬骨上あたりの「美肌ゾーン」にファンデを重ねてのせ、スポンジの面で軽くたたきながら境目をぼかして。反対側も同様に

NAGAI'S おすすめアイテム

a 均一に圧をかけやすい。バリュースポンジ ダイヤ 6P ¥380（ロージーローザ）
b 軽やかなつけ心地。エスプリーク　シンクロフィット リキッドUV　SPF25・PA++ 30g全7色 ¥3200〈価格は編集部調べ〉（コーセー）

“リキッドファンデは2回に分けて塗るのが長井流。なると形に置き、全体に薄くのばしてから、目の下の「美肌ゾーン」に厚めにのせることで、シミやくすみが目立たない、自然な立体感のあるベースメイクに！”

クリームチークで血色をオン!

スポンジを
使って!

ファンデを塗ったスポンジの面にクリームチークをとります。にっこりと笑いながら頬の盛り上がったところに大きな楕円状にのせていきましょう

NAGAI'S
おすすめアイテム

自然なヌーディーベージュ。ヴィセ リシェ　リップ＆チーククリームN BE-5 ¥1000〈価格は編集部調べ〉（コーセー）

“チークは、バランスを見ながら左右交互にのせていきましょう。ファンデを塗ったスポンジの面を使うことでチークが薄まり、つけすぎ防止に。フェイスパウダーの前に塗ることで、落ちにくく自然な血色感の頬を演出できます”

04

フェイスパウダーをきっちり&ホワッとのせる

NAGAI'S おすすめアイテム

保湿成分配合でパサつかずに、サラ肌に。セザンヌ うるふわ仕上げパウダー 01 SPF16・PA++ ¥780（セザンヌ化粧品）

1/ フェイスパウダーをパフにとる

パフをもんで、パウダーを均一になじませることで、ムラづきを防ぎます

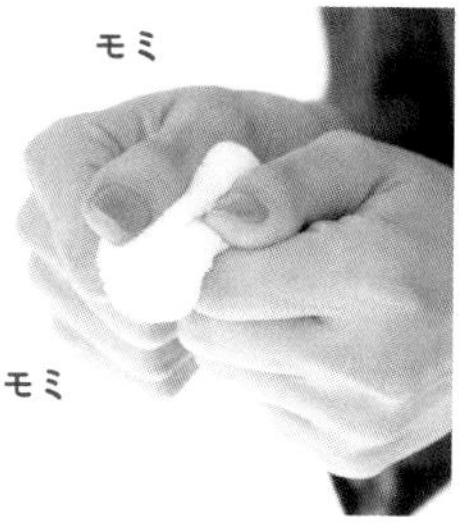

2/ Tゾーンはパフを押し込む

皮脂が多いTゾーンは、パフを押し込んできっちりのせます。小鼻などの細かい部分はパフを折って丁寧に

3/ 頬はホワッとのせる

Tゾーン以外は、パフが軽く触れるくらいの優しい力でホワホワッとのせると、ツヤが消えません

“フェイスパウダーでベースメイクの総仕上げを。部位別に塗り方を変えるとファンデのツヤを消さず、化粧もちがアップします。皮脂が多いTゾーンはパフを押すようにきっちりと。それ以外はホワホワッとのせて”

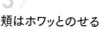

05

アイメイクで目ヂカラアップ!

NAGAI'S
おすすめアイテム

肌なじみのいい、ツヤのあるアーモンドブラウン。ヴィセ アヴァン シングルアイカラー 022 ¥800〈価格は編集部調べ〉（コーセー）

zoom

ワイパーのようにフリフリ

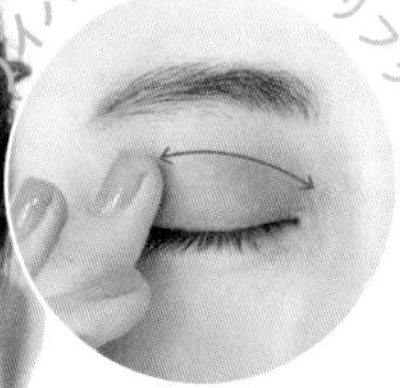

ブラウンのアイカラーを、指でワイパーのように振って塗り、目ヂカラを出します。アイカラーを中指にとったら、いったん手の甲に指を置き、量を調節してから塗ると、ほどよい感じに！

“目ヂカラを出すには、まずブラウンのアイカラーでまぶたに「彫り」をつくり、奥行き感を出すことが不可欠。さらに、アイラインを目尻に入れるか、アイラッシュカーラー＆マスカラでまつげを上げるか好みで選んで！”

「彫り」の感じはこれくらい

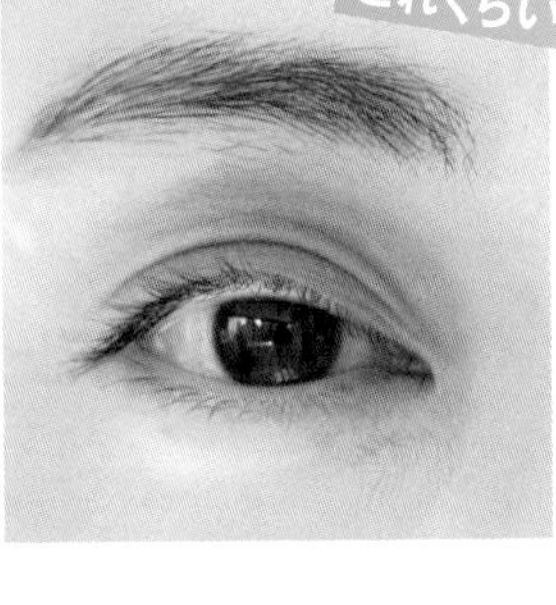

アイカラーは、アイホール全体に広めに入れます。途中で目をあけ、奥行き感が出ているか確認を。陰影で目が大きく見えたらOKです

「彫り」が完成したら、どちらかをセレクト!

まつげでパッチリ!

目を大きく、パッチリ見せるなら、アイラッシュカーラーとマスカラでまつげを上げ、目の縦幅を強調して

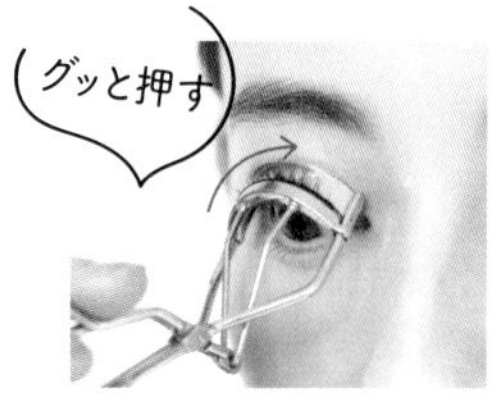

1/ カーラーを眼球に押し込むようにする

まぶたのカーブにカーラーの上部を合わせてグッと押し込みます。まつげの根元をはさんだら、手首を返すようにします

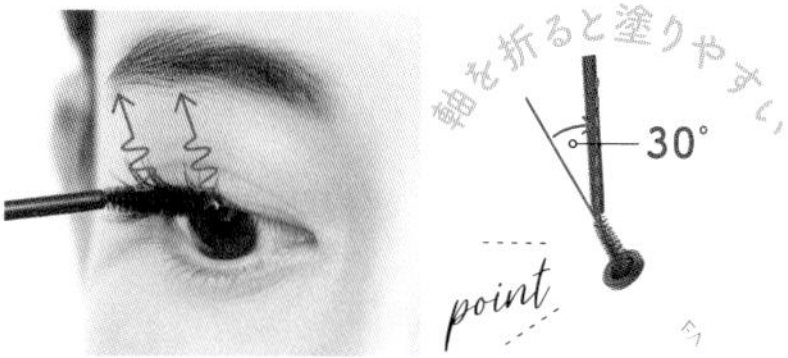

2/ まつげの根元からマスカラを塗る

ブラシをギザギザと揺らし、根元からまつげを持ち上げたら、毛先に向かってシュッと力を抜いてセパレートさせます

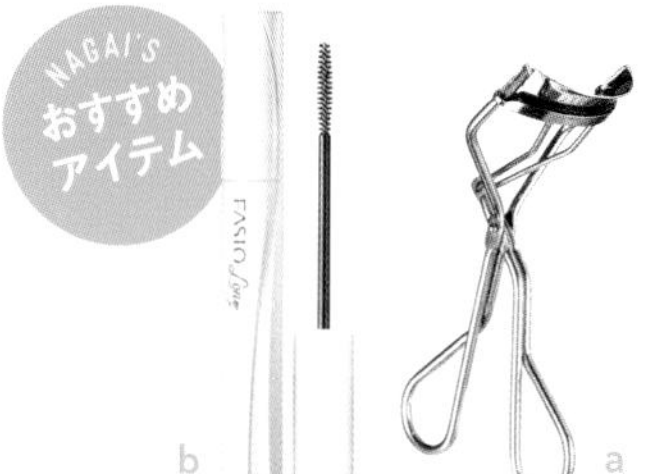

a 日本人のまぶたを考えたフレームが、まつげをキャッチ。アイラッシュカーラー N 213 ¥800（資生堂） b 高いカール力で美まつげをキープ！ ファシオ パワフルフィルム マスカラ ロング BR300 ¥1200（コーセーコスメニエンス）

アイラインではっきり!

アイラインを入れると横幅が強調され、目をはっきり見せる効果が。目をあけたときに見える目尻⅓だけに入れればOK

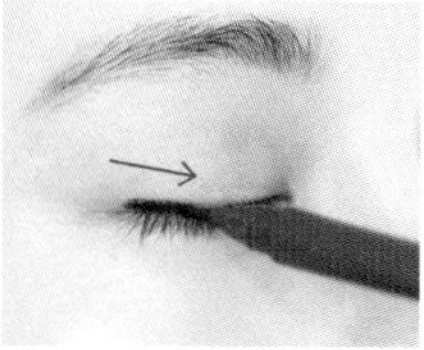

1/ 目尻から内側に向かってラインを入れる

目を閉じ、まぶたのキワを狙って、目尻から目頭に向かってペンを滑らせ、目尻約⅓くらいまでアイラインを入れます

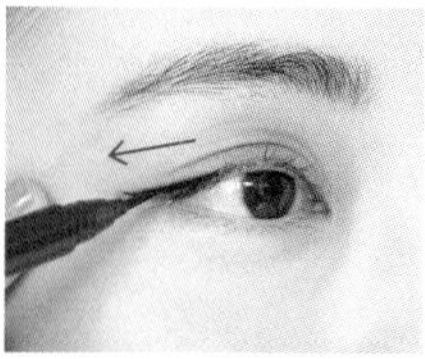

2/ 目をあけてペンを目尻側にスッと引く

目をあけ、反対の手でまぶたを横に引っぱりながら目尻に向かってペンを引き、少しハネ上がったラインにします

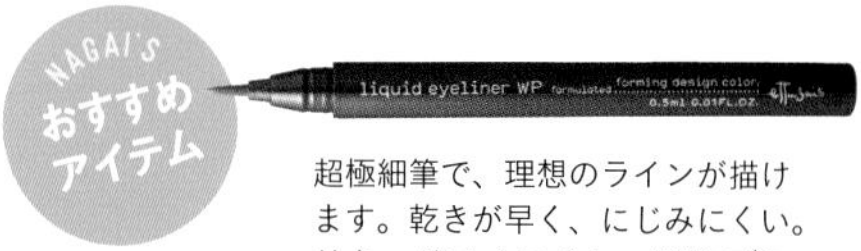

超極細筆で、理想のラインが描けます。乾きが早く、にじみにくい。リキッドアイライナー WP ブラウン¥1000（エテュセ）

“両方すると、さらに目ヂカラアップ!”

STEP 06

アイブロウパウダーで眉を仕上げる

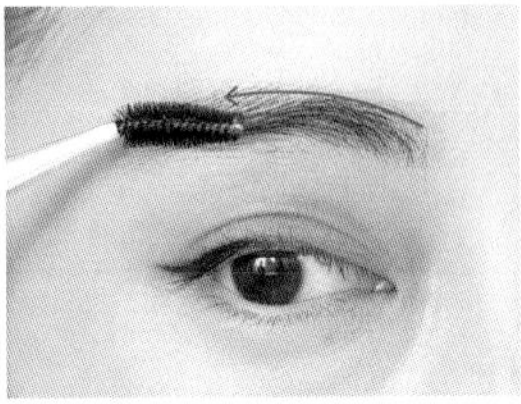

1/ スクリューブラシでとかす

スクリューブラシで眉をとかし、毛流れを整え、眉についているフェイスパウダーなどを払います

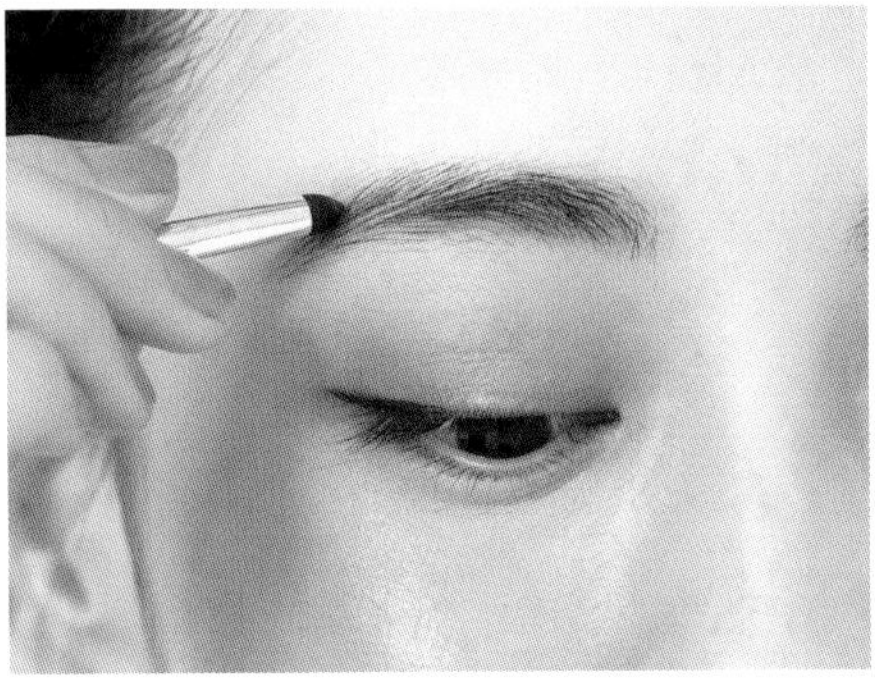

2/ 濃い色で隙間や欠けを埋める

チップに濃い色のアイブロウパウダーをとり、「眉があったらいいな」と思うような、隙間や欠けの部分を埋めていきます

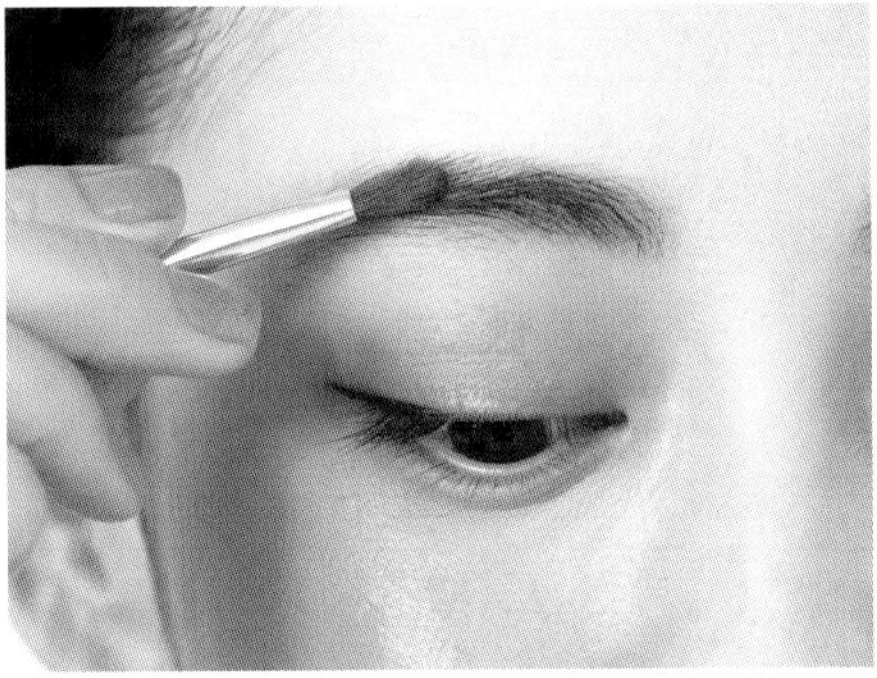

3/ 薄い色で眉に明るさをたす

ブラシに薄い色のパウダーをとり、眉の地肌を染めるイメージで置くようにのせます。全体が明るくなり、あか抜けた印象に（眉尻がない人はP.114を参照）

“

苦手意識をもつ人が多い眉メイクは、難しく考えなくて大丈夫。濃い色のアイブロウパウダーで隙間や欠けを埋め、明るめの色で眉と地肌を染めるようにのせるだけ。自眉を生かすことで、今どき＆ナチュラルに

”

NAGAI'S おすすめアイテム

濃淡の3色、ダブルエンドのチップ＆ブラシで、好みの眉に。キャンメイク ミックスアイブロウ 08 ¥600（井田ラボラトリーズ）

リップカラーをさするように塗る

FINISH!

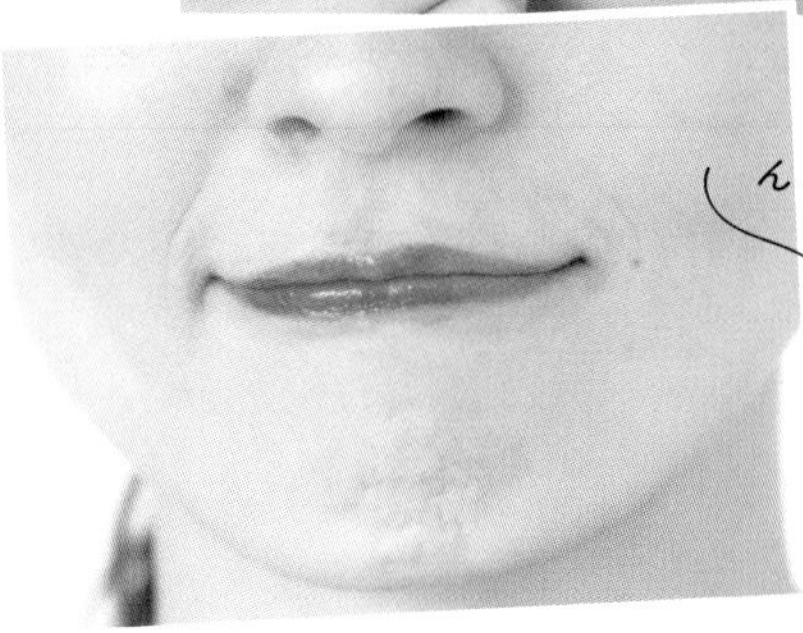

笑って唇を横に広げたら、歯ブラシのようにリップを持ち、唇をさするように軽い力で塗ります。最後は上下の唇を引き込み、「ん・ぱっ」となじませて

“リップは濃さによって塗り方を変えますが（P.120参照）、ここでは血色をアップする赤リップの塗り方をご紹介。濃い色のリップはさするようにして塗ると派手になりすぎず、自然な仕上がりになりますよ！”

NAGAI'S おすすめアイテム

クリアなレッド。オイルインで唇がふっくらして見えます。ラスティングフィニッシュ オイルティントリップ 007 ¥1500（リンメル）

好感度と清潔感を両立させた
デイリーメイクが10分で完成！

くずれにくいから
メイク直しは
ほぼ不要！

ほどよい血色感が
ヘルシー。
朝から笑顔で過ごせそう

COLUMN 1

メイク前のスキンケアは化粧水と日やけ止め乳液のみでOK！

STEP 1
▼
化粧水

サラッとしたテクスチャーで、肌に浸透。厳選された保湿成分を角質に届けて、うるおいで満タンに。モイストバランス ローション 360mℓ ¥5500（アクセーヌ）

STEP 2
▼
日やけ止め
乳液

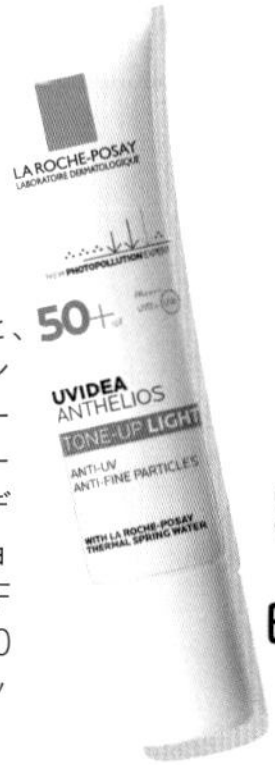

皮膚科医協力のもと、テスト済み。トーンアップテクノロジーで肌色が自然にトーンアップ。UVイデア XL プロテクション トーンアップ SPF 50+・PA ++++ 30mℓ ¥3400（ラ ロッシュ ポゼ）

スキンケアは、メイクの仕上がりを左右する、大切なプロセスです。肌が乾いているとメイクのノリが悪くなるので、しっかり保湿をしましょう。時短したい人におすすめなのが、保湿効果の高い化粧水をたっぷり塗ったあと、日やけ止め効果のある乳液をきちんと塗ること。化粧水のあとにつける乳液が日やけ止めを兼ねているから、重ね塗りの手間も省け、忙しい朝にぴったり！　どちらも指だけでなく、手のひら全体を使い、すみずみまできちんとつけて、なじませてくださいね。肌に手の甲を当てたとき、吸いつくような「ペトもち肌」になったら、ベースメイクを始める準備は万全です！

忙しい朝は、この2つを塗っておけばまず大丈夫！

LESSON 2

〝いい感じ〟をつくる
シーン別大人の10分メイク

どんなシチュエーションでも 10分あれば対応できる

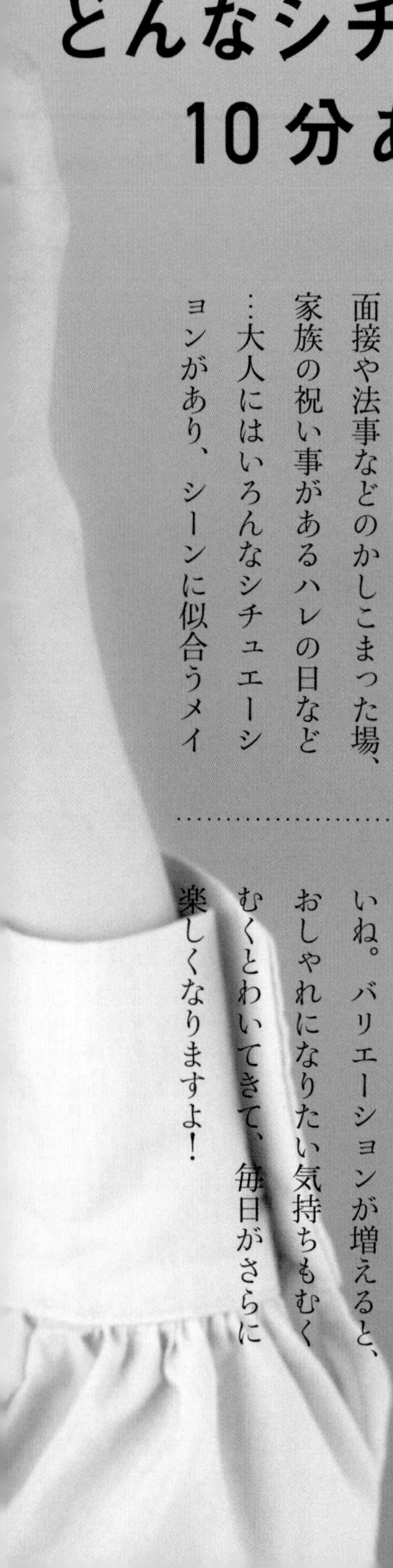

レッスン1でお伝えした「基本の10分メイク」は、好感度も清潔感もある、いわばデイリーにぴったりなメイクです。でも、基本のメイクだけでは対応が難しい日もありますよね。たとえば、マスクをする日、顔色がすぐれない日などの困った日は、どんなメイクをしたらいいか迷います。また、外でアクティブに過ごす日、仕事の面接や法事などのかしこまった場、家族の祝い事があるハレの日など…大人にはいろんなシチュエーションがあり、シーンに似合うメイクはそれぞれです。

このレッスン2では、そんなだれもが遭遇する日常のよくあるシーンに似合うメイクを提案しています。3～4つにポイントを絞っているので、基本の10分メイクと同様、仕上げるのは10分あれば大丈夫。とくにやり方が明記されていないメイクは、基本の10分メイクのやり方をベースにしてくださいね。バリエーションが増えると、おしゃれになりたい気持ちもむくむくとわいてきて、毎日がさらに楽しくなりますよ！

SCENE 1

寝坊した日でもパパッとキレイ

元気メイク

朝寝坊してしまった…！　でも、ノーメイクは避けたいし、みんなの前では朝から元気な顔でいたい。そんなピンチの日は、多機能のマルチアイテムを使ってパパッとメイクを仕上げちゃいましょう。

ベースメイクは、日やけ止め、下地、ファンデーションの役割を丸ごとカバーするＢＢクリームが強い味方。保湿力が高く、のびのよいものを選ぶと、仕上がりも早くてキレイです。スポンジでムラなくのばすだけでシミやくすみが目立たないベースが完成します。

土台が完成したら、あとはポイントメイクを。目元は太めのクレヨンアイカラーでアイラインを引くように目のキワをなぞり、目尻をグルッと囲み目にすれば、アイカラーを塗る手間は不要です。チークとリップはどちらにも使えるマルチアイテムを使うと、あれこれ考える手間もなく、統一感もアップできますよ。

ラフでほどよい雰囲気があるこのメイクは、休日のちょっとそこまでのお出かけやお散歩にもぴったりです。

寝坊した日のクイックメイクで
朝から元気な笑顔でいこう！

HOW TO

元気メイク

1

BBクリームを なると形に置き スポンジでのばす

BBクリームを、おでこ、両頬に、グルグルと指で「なると置き」（P.17参照）に。スポンジの平らな面を内から外に滑らせるようにし、素早く顔全体にのばしてムラなく均一に仕上げます

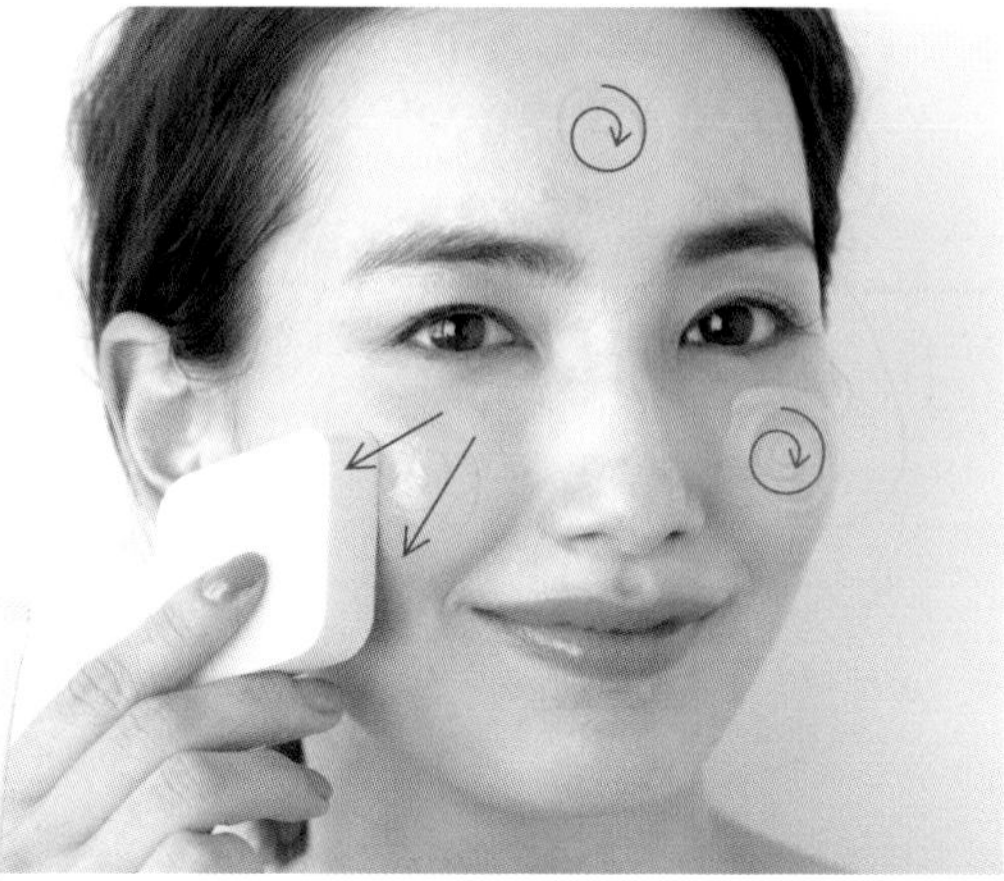

item

保湿クリームや日やけ止めも兼ねるので、化粧水のあと、そのまま塗ることができ、時短をかなえます。ちふれ BB クリーム SPF27・PA++50g 全3色 ¥800（ちふれ化粧品）

2

クレヨンタイプの アイカラーで 囲み目風メイクに

ブラウン系のクレヨンアイカラーを使用。まぶたのキワに太めのアイラインを入れるように、目頭から目尻まで色をのせます。目尻まで来たら下まぶたの目尻½まで色を入れて囲み目風に

item

アイラインとしても使えるアイカラー。なめらかな質感で、目元に密着し、長時間高発色をキープします。マクレール クレヨンアイシャドウ BR01 ¥1500（桃谷順天館）

3

スポンジでクリームチークをポンポンと塗る

ベースメイクで使ったスポンジに、唇にも使えるクリームチークをとり、手の甲にいったん置いて色調整してから、にっこり笑いながら頬にポンポンと広めの楕円に塗り広げます

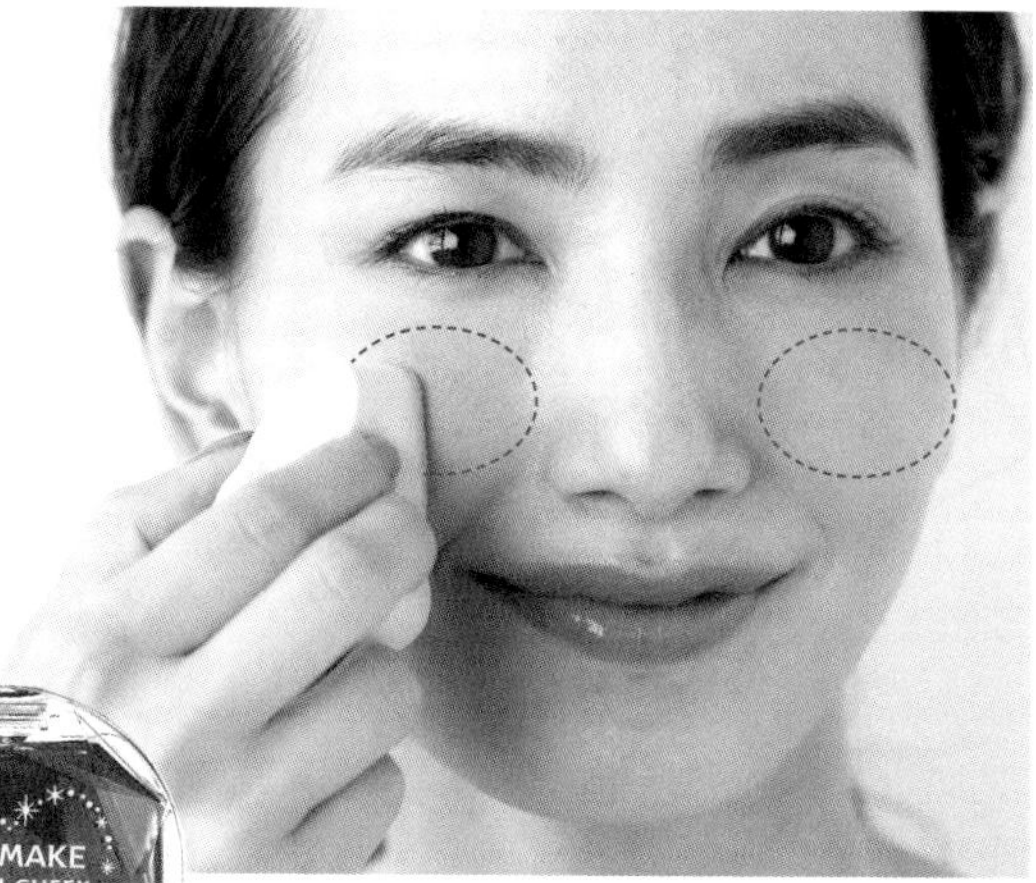

item

イキイキとした自然な血色感をプラスする、クリアレッド。透明感があるので重ねても濃くなりません。キャンメイク クリームチーク CL01 ¥580（井田ラボラトリーズ）

4

薬指でクルクルと円を描きながらリップを塗る

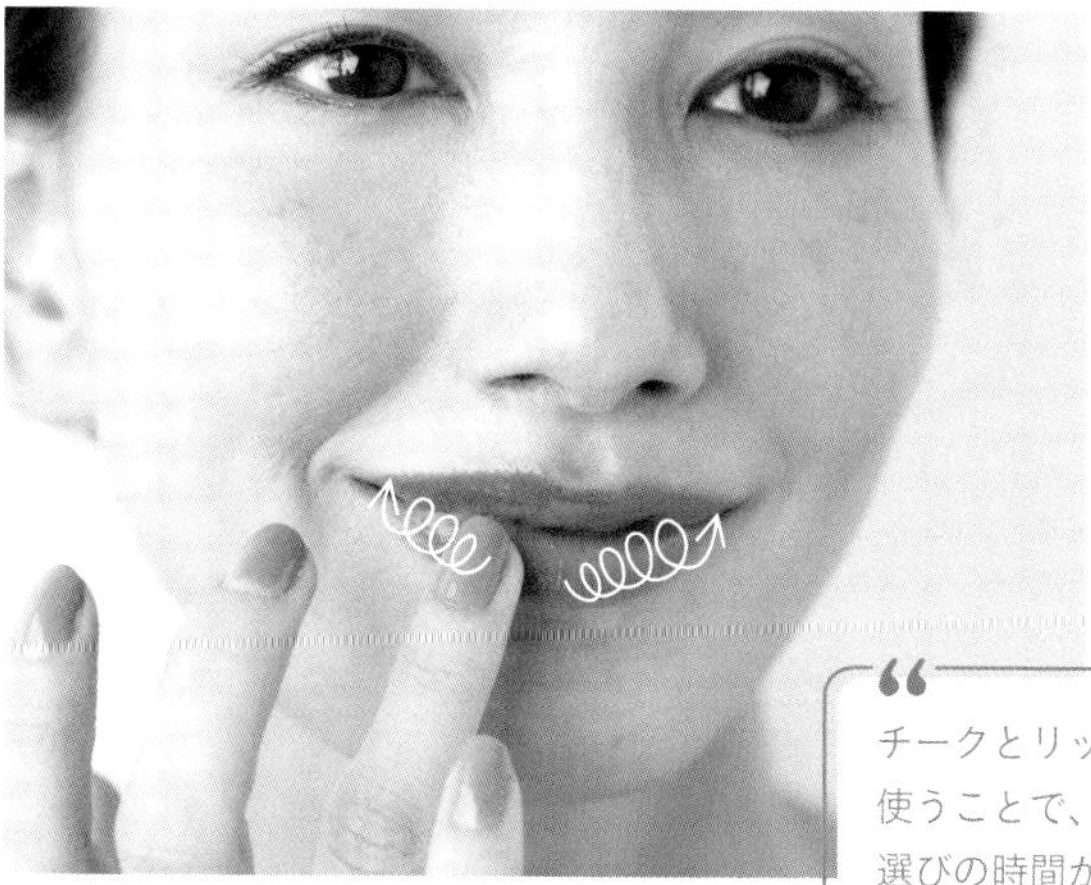

③で使用したクリームチークを薬指にとり、クルクルと円を描くようにして、リップを塗ります。にっこり笑って唇を横に広げながら塗ると、縦ジワも目立たくなります

“チークとリップに同じ色を使うことで、迷いがちな色選びの時間が短縮できるうえ、統一感も出て、チグハグ感もなし！”

SCENE 2

第一印象をアップする

好感度メイク

初めて会う人がいるなど、いつも以上に好感度を大切にしたいときは眉メイクがポイントです。昔、抜いたり剃ったりして、眉毛が少ないは、近寄りがたい印象を与えることもあるので、眉を描きたして補整しましょう。

まず眉の隙間や眉尻などのたりない部分と眉頭下に、地毛に近い色のグレーのアイブロウペンシルで眉毛を少しずつ描きたし、ふんわり自然な印象の眉に整えます。とくに眉頭下は顔の印象を左右する重要ゾーンなので丁寧に。眉を描き終えたら眉頭下から鼻柱の脇の部分に向かって少しだけ中指を滑らせて、影をつくりましょう。影の効果で鼻筋が際立ち、目元にメリハリが生まれ、瞳まで輝いて見えますよ。あとは、眉と地肌を染めるように、いつもより明るめのブラウン系のアイブロウパウダーをのせてくださいね。

チークはアプリコット、リップは透け感のある赤系を。眉が生んだ目ヂカラ×好印象カラー×血色カラーの相乗効果で表情が輝いて、好感度アップは間違いナシです。

瞳までキラキラ輝いて
第一印象もグーンとアップ！

HOW TO 好感度メイク

1

アプリコットの
クリームチークを
丸くのばし広げる

クリームチークを指にとり、軽くたたくようにしながら、頬の中央から外に向かって薄くなるよう、楕円に広げます。境目は自然にぼかすと親しみやすい優しげな印象に

item

頬を好感度の高いアプリコットに染める、鮮やかな発色のクリームチーク。オンリーミネラル N by ONLY MINERALS ミネラルソリッドチーク コンプリート 01 ¥3200（ヤーマン）

2

グレーのペンシルで
たりない部分を埋めて
眉の形を補整する

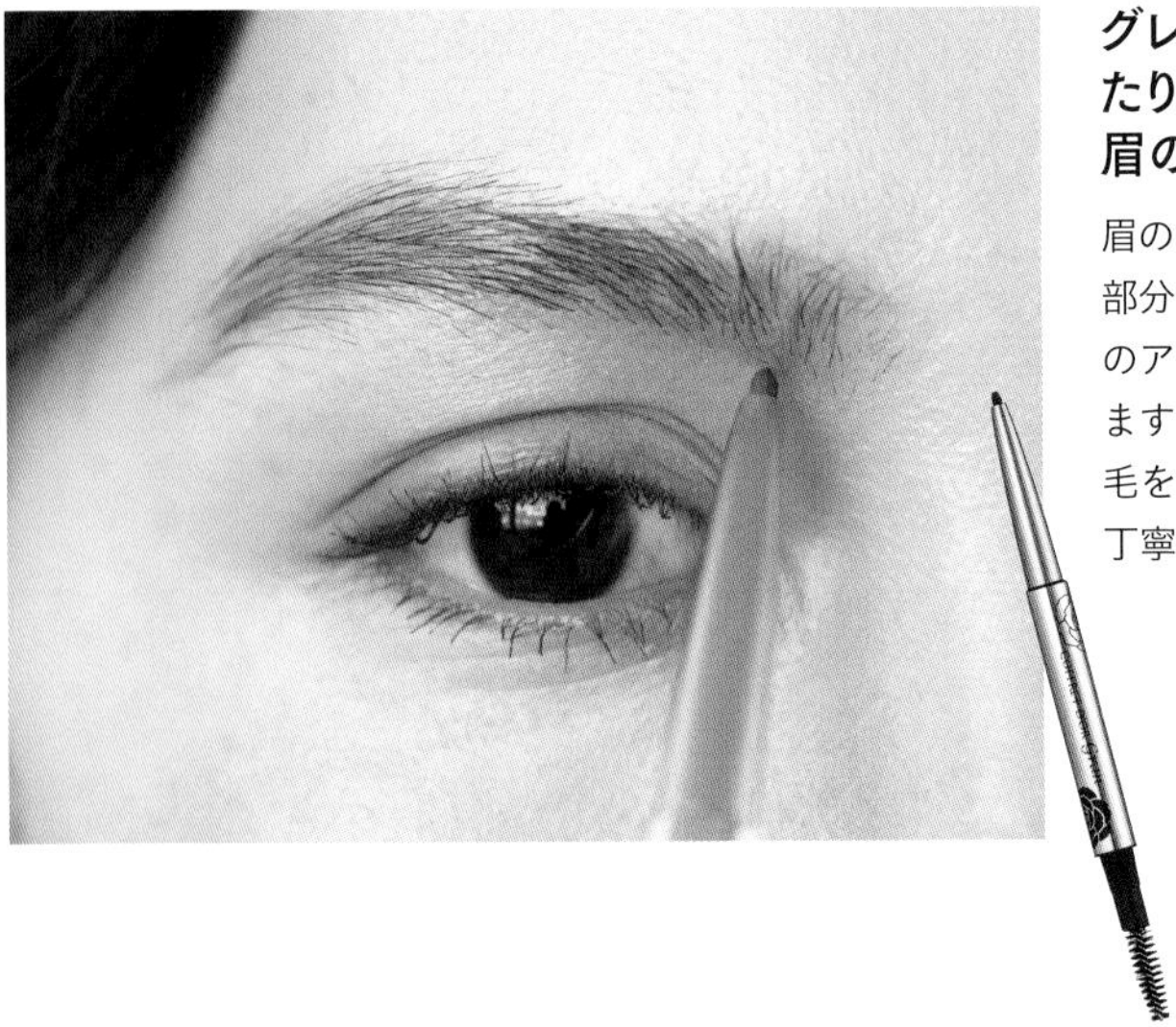

眉の隙間や眉頭下の欠けている部分は、自然になじむグレー系のアイブロウペンシルで補整します。眉尻がたりない部分も、毛を1本ずつ描きたす気持ちで丁寧に埋めましょう

item

地毛になじみやすいソフトグレー。描き心地がよく、自然な仕上がりに。コフレドール　グラン　ソフトペンシルアイブロウ GY-01 ¥2100〈価格は編集部調べ〉（カネボウ化粧品）

3

ブラウンカラーで眉の形を整え、鼻筋に影をつくる

ブラウンのアイブロウパウダーを、眉の地肌を染めるようにブラシでのせます。そのあと目頭から鼻柱の脇に沿って中指を滑らせるようにし、鼻の横に影をプラス

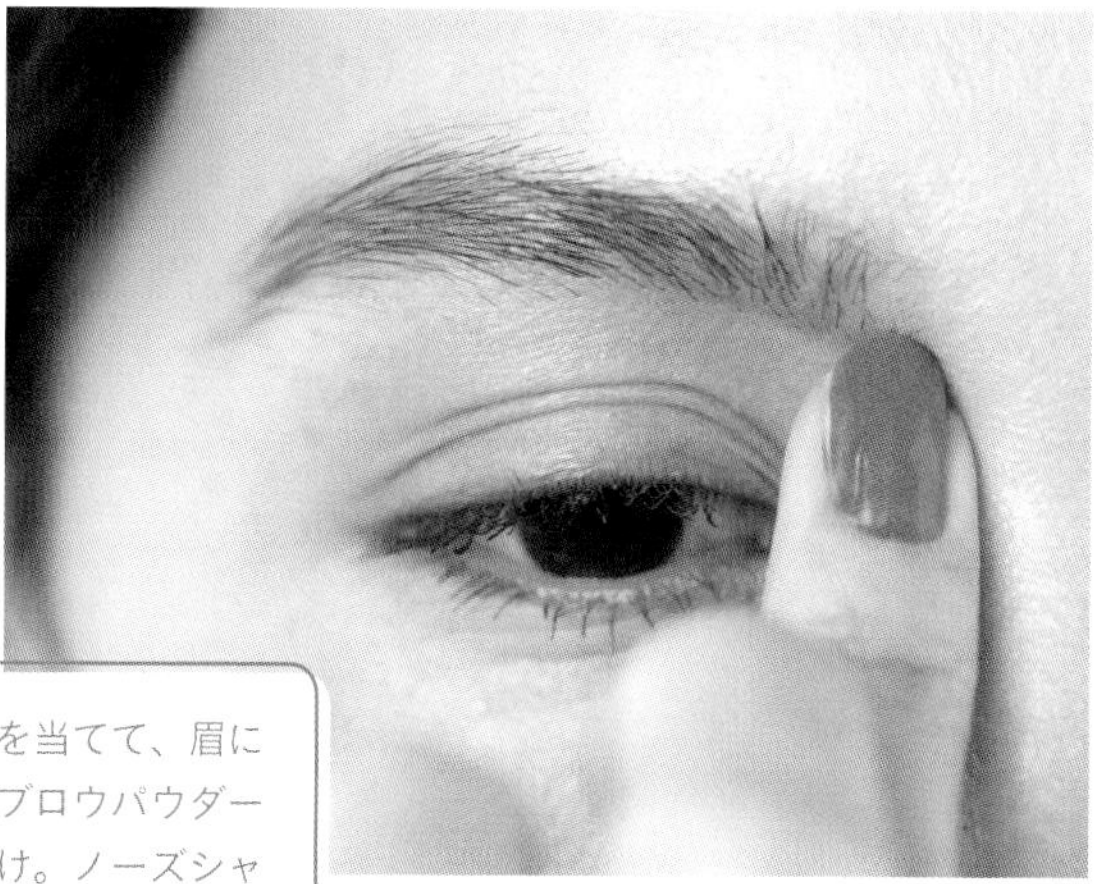

“眉頭に中指を当てて、眉にのせたアイブロウパウダーをのばすだけ。ノーズシャドウを入れたような立体感が出て、顔全体にメリハリが生まれますよ！”

4

透け感のある赤リップを「グリグリ塗り」して血色感をプラス

リップは、表情を明るく見せる透け感のある赤系をセレクト。唇に押し当て、小さい円を描くように「グリグリ塗り」をしたら、上下の唇を引き込むように「ん・ぱっ」とすり合わせます

item

透け感のあるクリアなレッド。上品なパールがツヤを与えて、唇がふっくら。マキアージュ ドラマティックルージュN RD300 ¥2800〈価格は編集部調べ〉（マキアージュ）

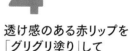

SCENE 3

コンプレックスもクリア！

小顔メイク

悩んでいる人が意外と多いのが顔の大きさ。生まれつきの骨格を変えることは難しいけれど、メイクで顔の余白を上手にコントロールすれば、簡単に小顔印象が手に入りますよ！

まず肌の面積をいかに小さく見せるかが、小顔メイクの最大のポイント。そこで重視したのがアイメイクです。目はブラウンのアイカラーで囲み目に。眉は、眉尻側の毛を描きたして長めにし、目元と眉の横幅を強調すると、顔が小さく見えます。

さらに髪型にもひと工夫。前髪やサイドの髪が顔周りにかかるように流しながら、スタイリング剤で束感をプラス。輪郭を隠すだけで顔がコンパクトに見えます。

ハイライトやシェーディングの「光と影」の効果で輪郭を小さく見せる方法もありますが、やや上級者向けで高度なテクニックが必要。でも、この方法ならいつものメイクを少し強調するだけと簡単。また、視線を上に集めるので、エラ張りや年齢による顔のたるみも目立たなくなりますよ。

あこがれの小顔も
メイクの力で簡単に！

HOW TO 小顔メイク

1

ブラウンのアイカラーで目の上下を囲んで目の横幅を出す

アイカラーをチップにとり、目のキワに目頭から目尻に向かって滑らせ、目尻まで来たらチップを下まぶたにターンさせて目尻を囲みます。下まぶたは涙袋より狭めの幅に色づけて

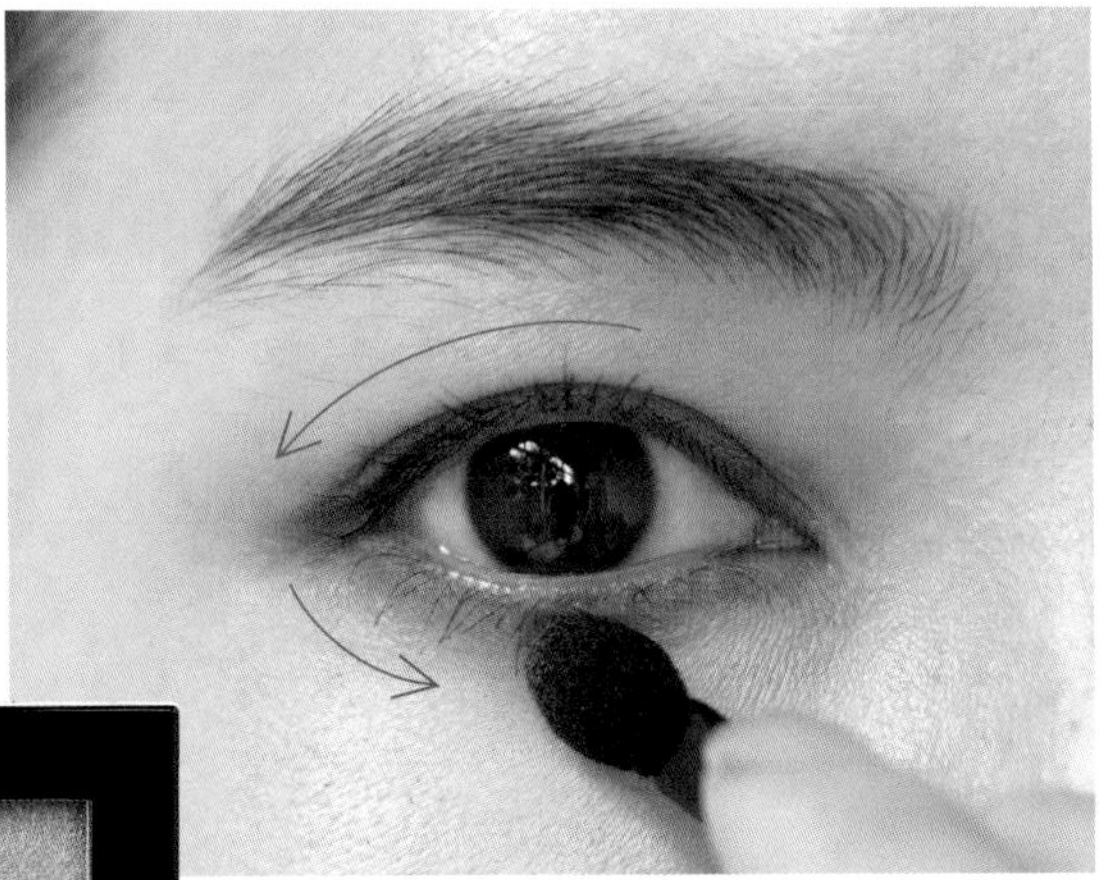

item

ツヤと温かみのあるブラウン。目元に自然な陰影を与え、目を大きく見せます。ヴィセ アヴァン　シングルアイカラー 022 ¥800〈価格は編集部調べ〉（コーセー）

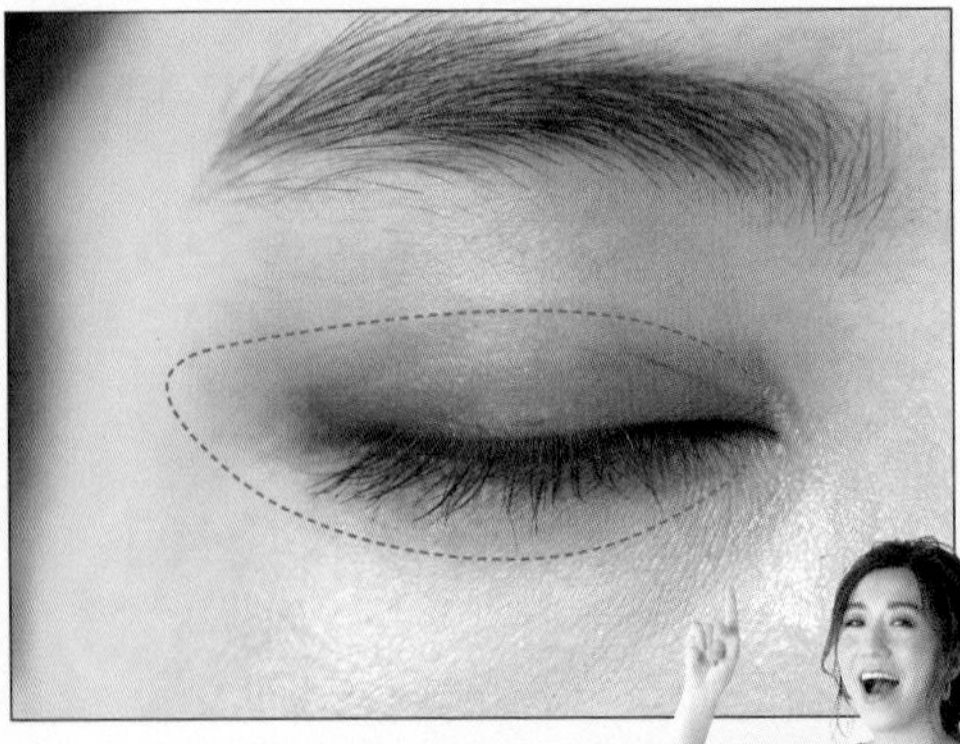

入れるのはココ！

目幅を出すように、目尻はやや太め＆長めに入れるのがコツ。下まぶたは目頭側を数ミリ残して全部囲ってしまうぐらい色を入れてOK！　目を大きく見せる＆顔の横幅を狭めることで小顔印象に！

2

ブラシで眉尻の外側を描きたす

アイブロウパウダーを細めのブラシかチップにとり、眉山を外にスライドさせるような気持ちで、眉尻の角度に沿って毛を3本ほど描きたし、眉の横幅を強調しましょう

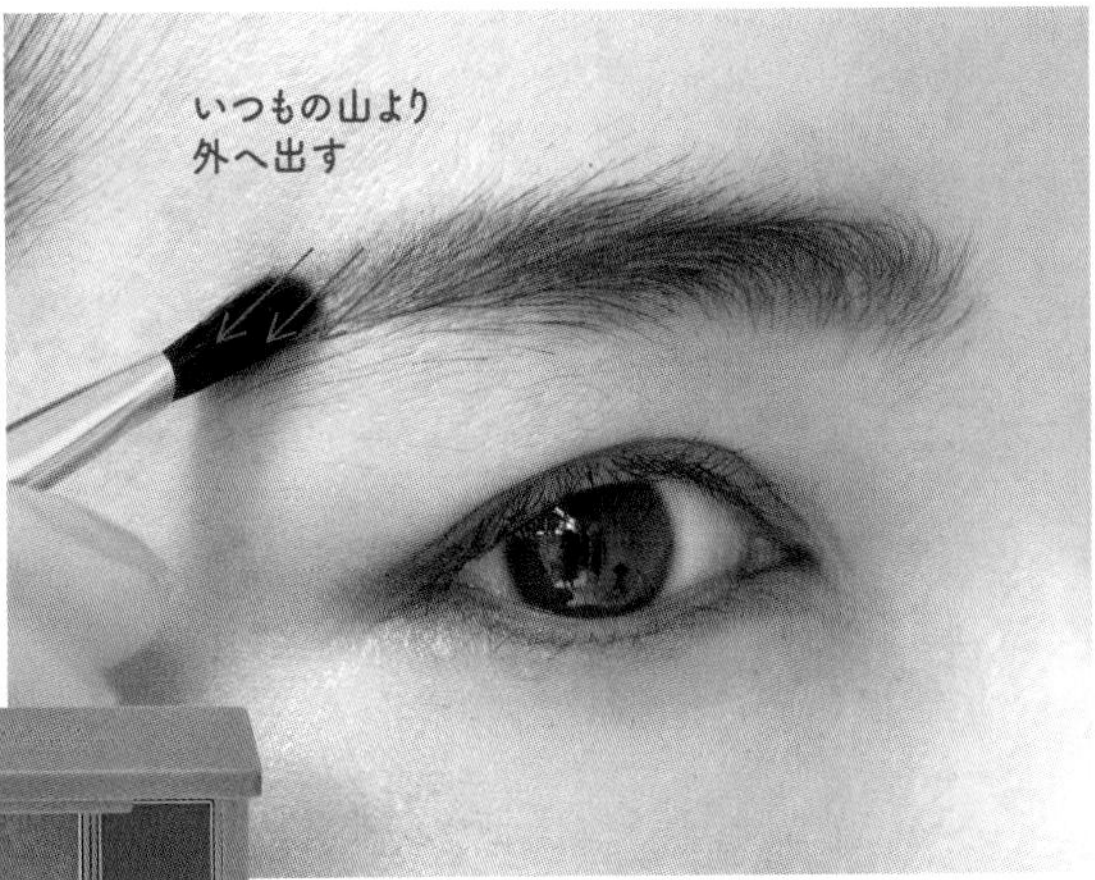

item

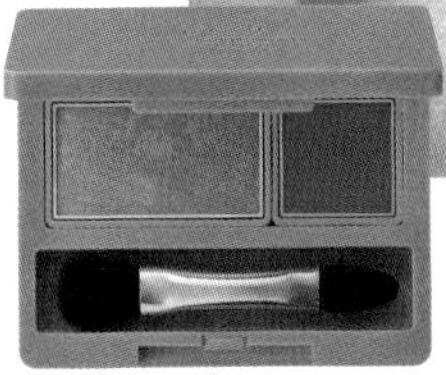

ふんわりカラー×疑似眉カラーで、ペンシルとパウダーで描いたような眉が完成。オンリーミネラル N by ONLY MINERALS ミネラルスキャンブロウ¥3500（ヤーマン）

3

前髪や顔周りの髪を流して、自然に輪郭を隠す

顔のフレームとなる前髪やサイドの髪を、スタイリング剤で束感を出しながら顔側に流し、輪郭を隠します。髪にツヤをプラスするので、顔に髪がかかっても疲れて見えません

item

ハネやすい短い毛もマスカラ状のブラシがキャッチ。まとめながら髪にツヤを与えます。エルジューダ ポイントケアスティック￥1500（ミルボン）※美容室専売品

SCENE 4

乾かない！ くずれない！ マスクメイク

ウイルス対策や花粉症でマスクを着用していると、肌が乾燥したり、メイクがくずれたりと面倒なことがいっぱい！ でも、外したときのことを考えると、すっぴんでいるのも迷うところ…。それにマスクの日は、ポイントメイクも悩みますよね。そんなときはこのマスクメイクで解決。手軽におしゃれになれるから、沈みがちな気持ちも明るくなれますよ！

ベースメイクは、みずみずしくて保湿効果が高く、手軽なクッションファンデに。目の下の美肌ゾーンは厚めに、それ以外は薄く塗り広げて。さらにマスクで隠れる＝湿気が多くてくずれやすい部分は、フェイスパウダーを押すようにのせて「地固め」を。これでマスクの着脱でこすれても、くずれないベースメイクに。ちなみに鼻をかんでメイクが取れたら、再びクッションファンデで直せばOKです。

そして、マスクから見える目元は、速乾性＆落ちにくいクレヨンアイカラーで囲み目に。アイラインなしでも目ヂカラがアップして、印象的な目元になりますよ。

マスクをしても、外しても
キレイな状態をキープ

HOW TO マスクメイク

1

クッション
ファンデを美肌
ゾーン中心に盛る

クッションファンデを、スポンジで軽くたたきながら顔全体に広げます。肌をいちばん美しく見せたいマスクからのぞく頬の上の「美肌ゾーン」は厚めに盛り、それ以外は薄く塗って

item

バフでポンポンと押さえるだけで、ツヤ肌が完成。マキアージュ ドラマティックジェリーコンパクト SPF30・PA+++ 全3色 ¥4000〈価格は編集部調べ〉（マキアージュ）

2

フェイスパウダーを
ギュッとのせ、
くずれを防止

マスクでおおわれる部分は湿気でくずれやすいので、フェイスパウダーをパフでギュッギュッと押し込むようにして「地固め」を。チークを塗る場合は、上からパウダーチークを重ねて

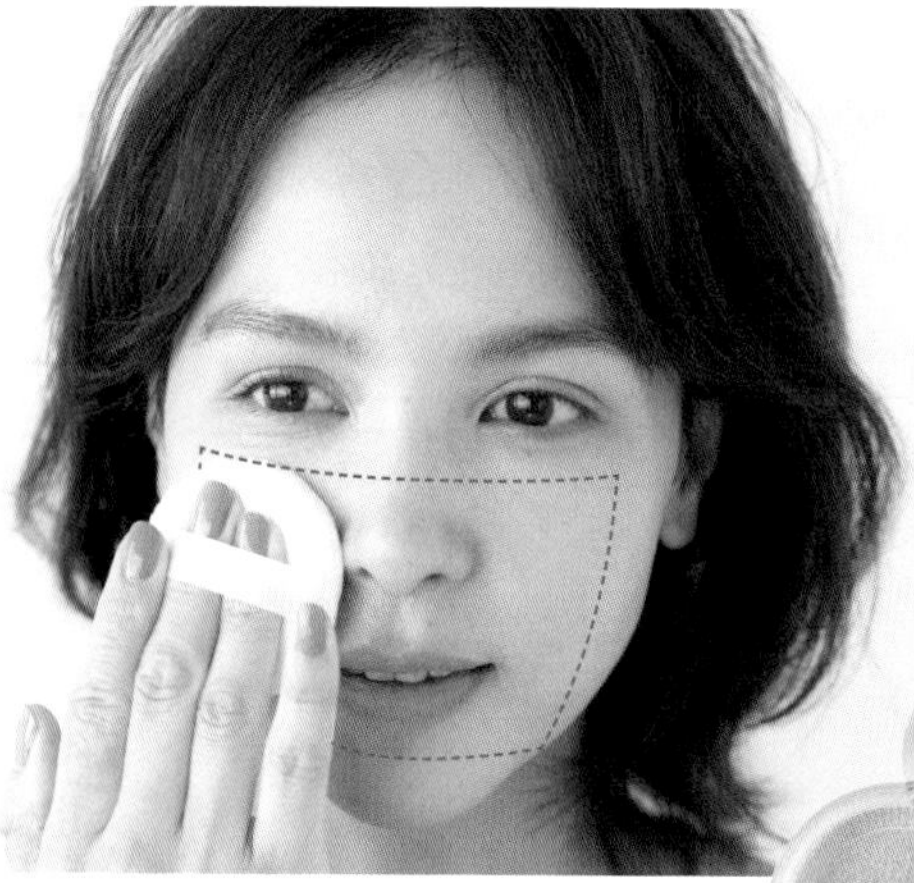

item

サラリとした軽やかなパウダーが、肌に溶け込むようになじんで、毛穴などの欠点をカバー。ルナソル エアリールーセントパウダー 00 12g ¥4500（カネボウ化粧品）

3

クレヨン
アイカラーで
囲み目メイクを

目元におしゃれなインパクトを与えるカーキのクレヨンアイカラーを、目頭〜目尻〜下まぶたのキワ⅓までグルリと囲むようにして入れたら、指でラインをなぞって自然になじませます

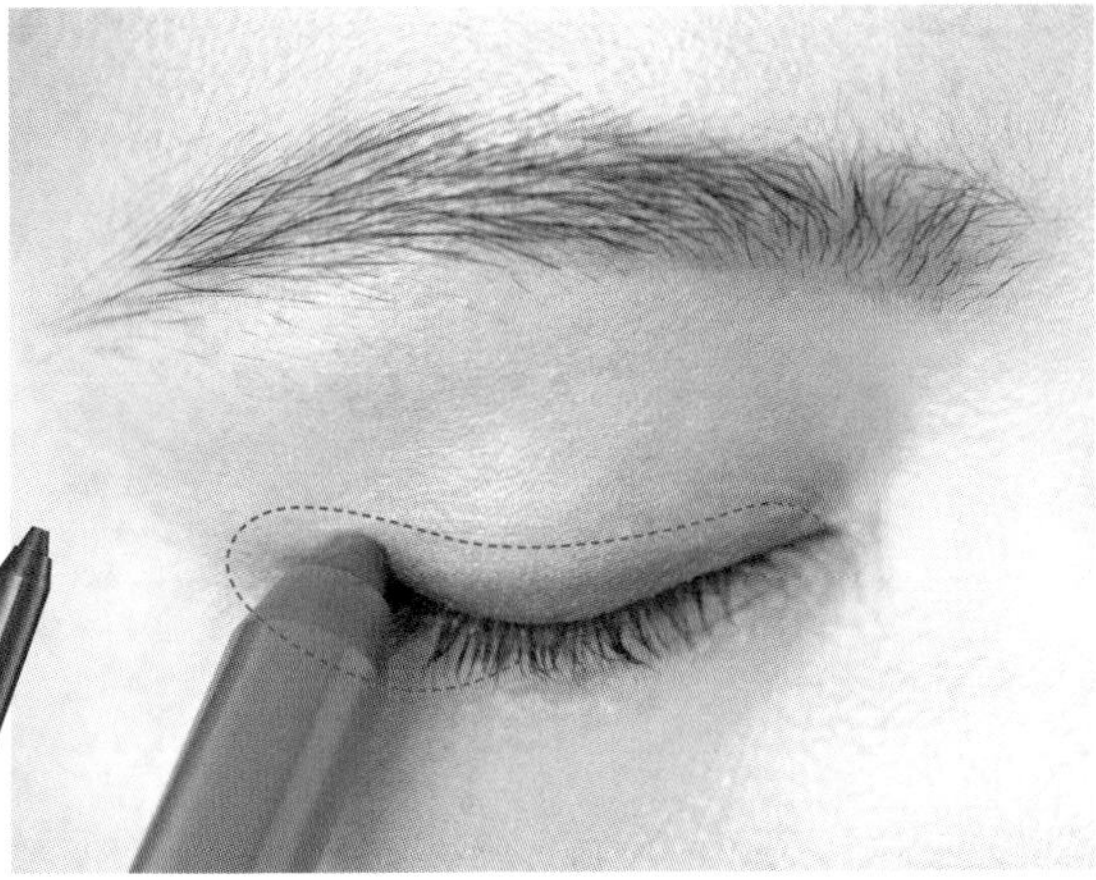

item

オイル配合でなめらかな描き心地。ヨレずに長時間つけたての美しさをキープ。ヴィセ リシェ クレヨンアイカラー GR-6 ¥1200〈価格は編集部調べ〉（コーセー）

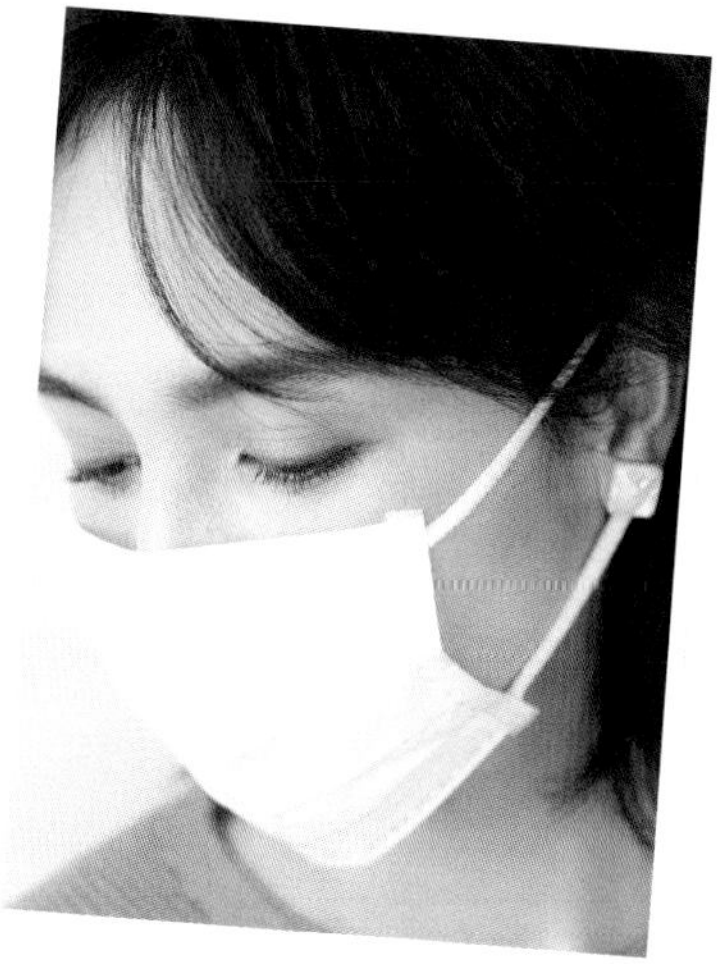

“マスクをふいに外したときのために、リップも忘れずに塗っておきましょう。ティントタイプだと、落ちにくくておすすめですよ！”

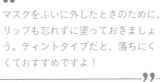

SCENE 5

「疲れてる？」と言われない寝不足解消メイク

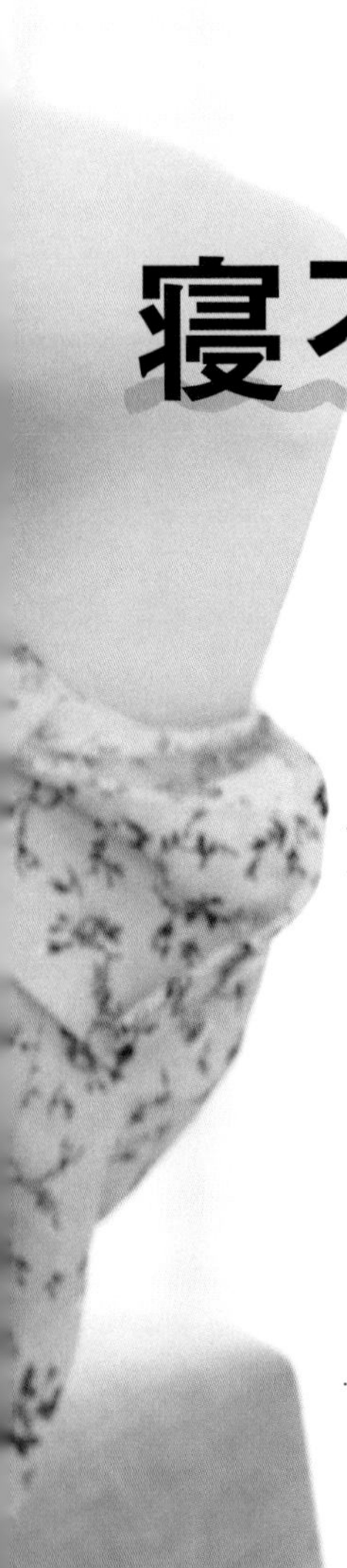

寝不足が続いて、顔色がさえないときもありますよね。とくに具合は悪くないのに、肌がくすんでいると疲れて見えたり、必要以上に周囲に心配をかけたりすることも。朝からやる気スイッチを入れるためにも、メイクで元気をチャージしましょう！

疲れた印象を与えてしまうのは、血色の悪さです。まずは肌色を明るくすることから始めます。いつも使っているリキッドファンデにピンクの下地を混ぜたものを、スポンジでサッとのばしましょう。

下地とファンデを分けて塗るよりも下地のピンクが主張するので、顔色がグンとトーンアップ！　しかも時短できるので、寝不足でうっかり寝坊した日にも使えます。

肌の明るさを底上げしたら、くまでくすんでいる部分を、コンシーラーで補整するだけ。光を灯したように目元がポッと明るくなると、くまが目立たなくなるだけでなく、どんよりした瞳も美しく見えるというおまけつき。あとは血色の要となるチークをつければ、たちまち元気顔が復活です！

ピンクを加えて影を消す！
顔色復活で元気な印象に

HOW TO

寝不足解消メイク

1

ファンデ3に対し ピンク下地1を 混ぜて明るくする

いつものリキッドファンデ3に対し、ピンクの下地1を手の甲にのせ、指を使ってよく混ぜ合わせます。顔色の調子がくすんでいたら、下地をやや多めに混ぜてもOKです

item

イキイキとした血色感をプラスし、ワントーン明るい肌を演出するピンク系下地。ケイト　スキンカラーコントロールベース PK ¥1500〈価格は編集部調べ〉（カネボウ化粧品）

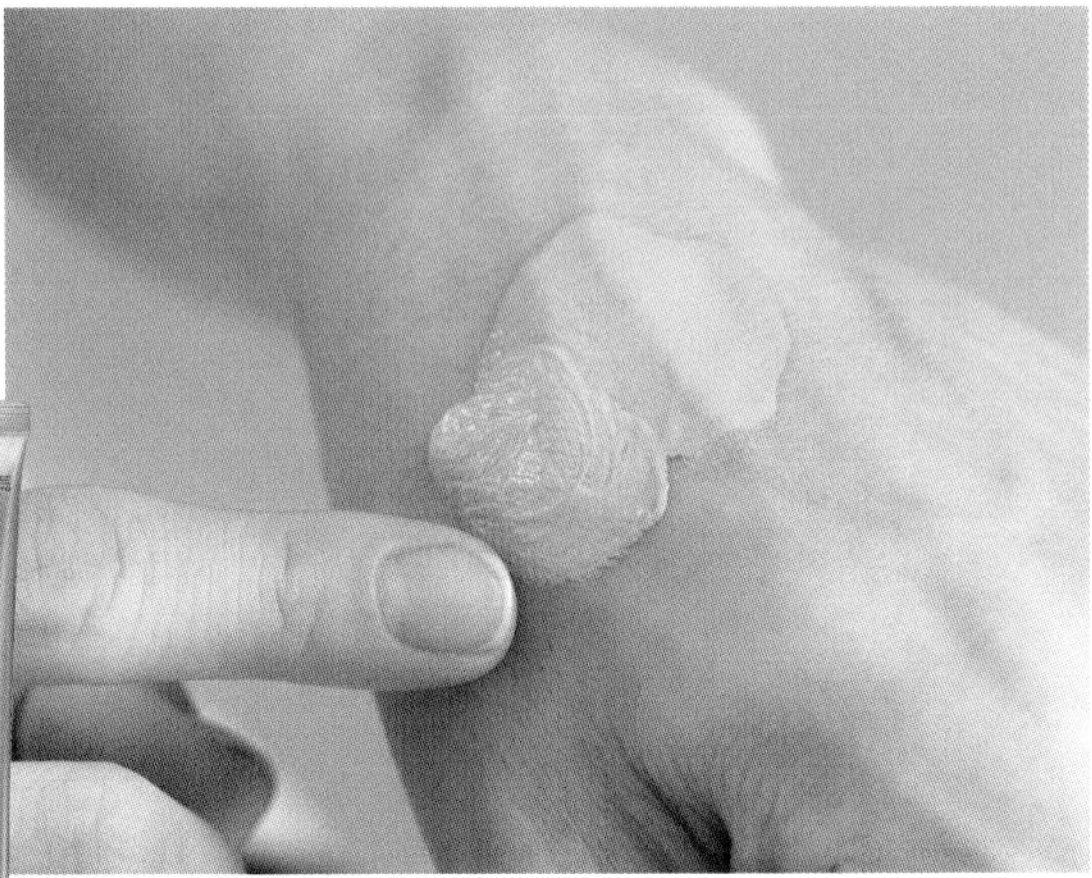

2

下地を混ぜたファンデを 顔の3か所に置く

下地を混ぜたファンデを、両頬、おでこの3か所に「なると置き」(P.17参照)。スポンジを内から外に滑らせながら顔全体にのばして。なると形に置くことで、ムラづきを防げ、目の下も明るく見えます

“ファンデとピンク下地を混ぜるこのワザは、日やけして肌がくすんだときや、明るい色の服を着たいときにも使えますよ！”

3 リキッドコンシーラーでくまを消す

リキッドコンシーラーを、鳥の足跡のように目頭の少し下から放射状に置いたら、②で使ったスポンジを指先でつまみ、先で軽くたたきながら、自然になじませ、くまを消します

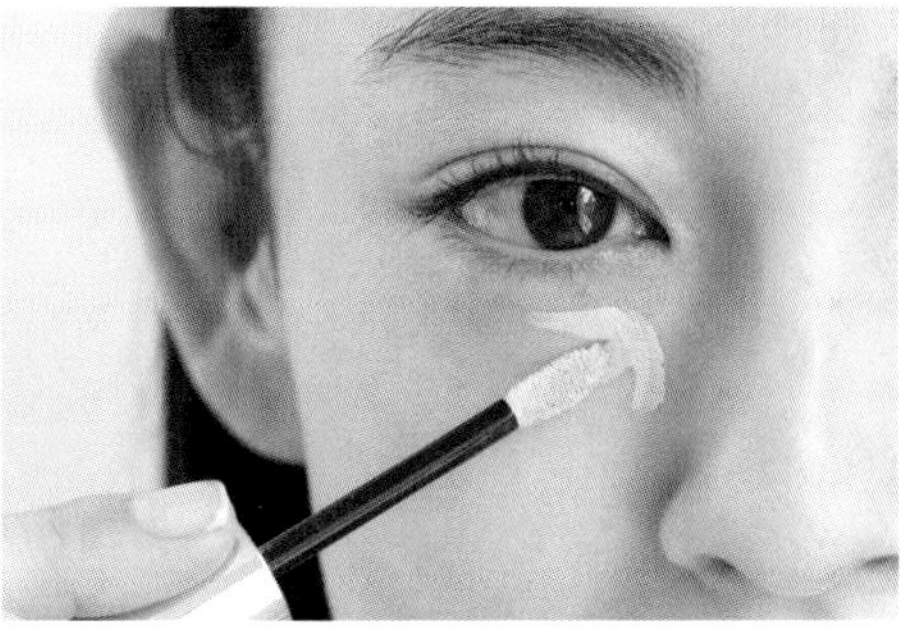

item

くすみや色ムラをカバーする、部分用ファンデーション。みずみずしい質感でツヤ肌を演出。ルナソル　グロウイングトリートメントリクイド 全3色 ¥3200（カネボウ化粧品）

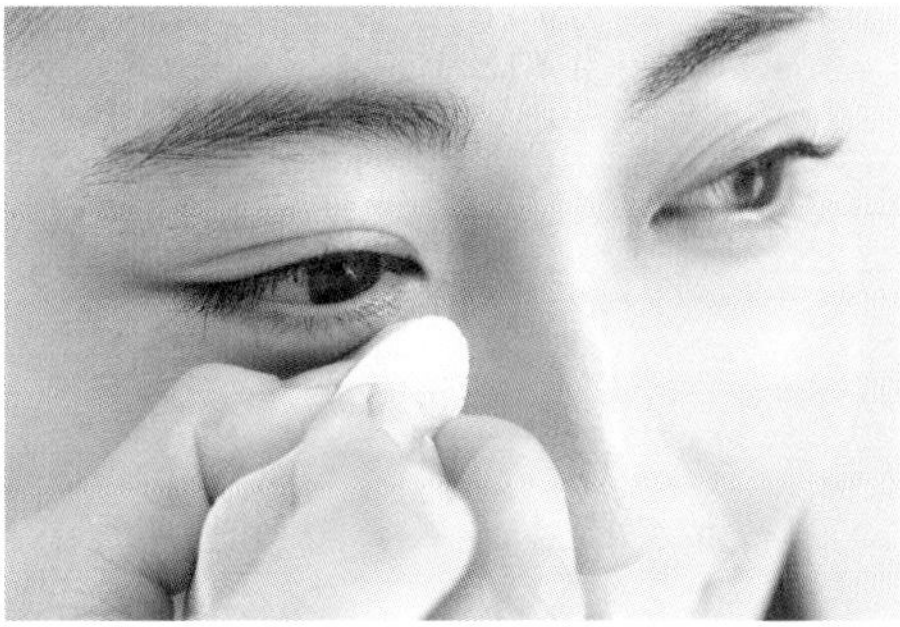

4 血色チークを楕円状に入れる

③で使ったスポンジにクリームチークをとり、軽くトントンとたたきながら、頬の広い範囲に楕円状にのばします

item

高発色のクリームチーク。温かみのあるレッドで表情も明るくシフトします。オンリーミネラルN by ONLY MINERALS ミネラルソリッドチーク コンプリート03 ¥3200（ヤーマン）

すぐにできて画面越しでもキレイ SCENE 6

オンライン映えメイク

1

ネイビーのアイラインで目元にインパクトをオン!

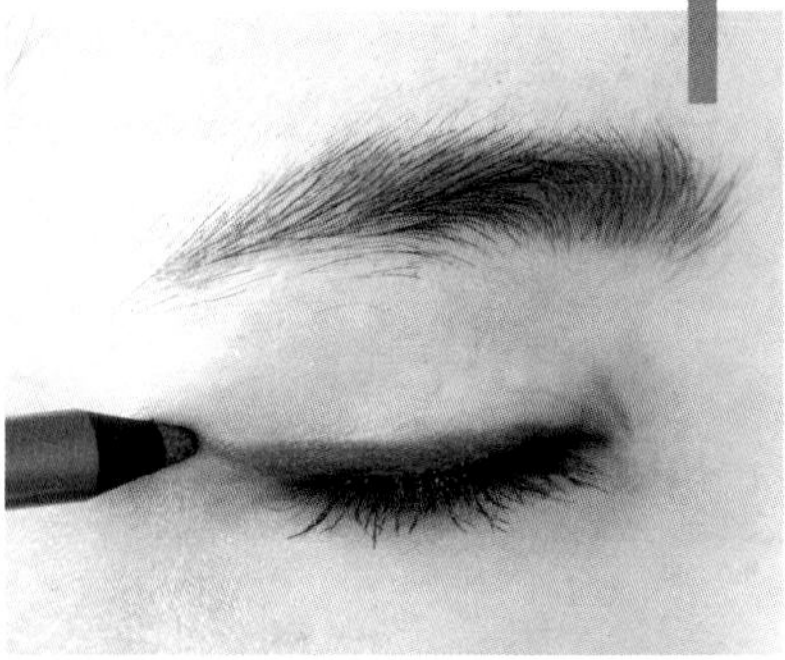

ペンシルタイプのネイビーのアイカラーを目のキワに入れます。目頭から目尻に向かってペンを滑らせ、目尻は少しハネ上げてキャットラインにすると、印象的な目元に

item

深みのあるネイビーブルー。ヴィセ アヴァン リップ&アイカラー ペンシル 014 ¥1200〈価格は編集部調べ〉(コーセー)

2

マルチアイテムで頬と唇は統一感を出す

頬と唇にも使えるマルチアイテムでワントーンに。チークは指で軽くたたきながら楕円状に広げます。唇は指で滑らすように塗ったら、上下の唇を引き込むようにしてなじませて

item

軽やかなプラム色。オンリーミネラル N by ONLY MINERALS ミネラルソリッドチーク コンプリート 02 ¥3200(ヤーマン)

3

ひとつ結びをしてターバンをつけ、ヘアにラフ感を出す

後ろでひとつ結びにしたら、輪郭を少し隠すようにターバンを。ヘアワックスをつけた指で頭頂部の髪を持ち上げて丸みを出し、顔周りの髪は引き出して指でねじり、束感を出します

item

自然由来の素材を使用。髪のスタイリング剤のほか、リップや肌の保湿にも。ザ・プロダクト ヘアワックス 42g ¥1980(KOKOBUY)

Back

沈みがちな顔も
パパッと簡単に
オンライン映え！

急なオンラインの打ち合わせなどが入ったときは、アクセントカラーのアイメイクとターバンを活用して、おしゃれに乗りきりましょう。ポイントは、目のキワに入れるネイビーのアイライン。夏はブルー、秋はボルドーなど季節に合わせて色を変えるのもおすすめ。メイクを終えたら、髪をゴムでひとつ結びにし、生えギワを隠すようにターバンを。トップの髪は丸みが出るようふんわりと持ち上げ、顔周りの髪は束感を出すと、小顔を演出できます。しかも、ターバンでおでこを出すことで、顔に影がなくなるので、画面越しでも顔が明るく見えますよ！

SCENE 7

ちょっとした、おすましイベントに

ハレの日メイク

同窓会や入学式など「ハレの日」にぴったりなメイクを紹介します。ゴールド、ピンク、赤をキーカラーにしたメイクは、華やかな雰囲気があるから、お祝いのシーンに最適ですよ！

肌は上品な印象のセミマットがおすすめ。保湿力の高いパウダリーファンデで仕上げてくださいね（塗り方はP.58参照）。ベースメイクのあとはポイントメイクを。まぶたにはブラウンを感じさせるゴールドを。「派手かな？」と思われがちな色ですが、肌から浮きにくいので、つけると意外に自然。キラッと光る輝きで、上質で印象的な目元を演出できます。

リップはピュアでハッピー感のあるピンク、チークはクリアなレッドをセレクト。どちらもにごりのない色を差すことで、表情がパッと華やぎます。なお、濃いめのチークは、メイクのいちばん最後にし、リップとのバランスを見ながらつけると、つけすぎを防げます。鮮やかなレッドは、顔色が沈まないので、記念撮影の写真映りもバッチリ決まりますよ。

華やかな印象で、お祝いの
記念写真も写り映えよし！

HOW TO

ハレの日メイク

1

ゴールドでふっくらしたまぶたに

アイホールに、ゴールドのアイカラーを中指でラフにのせます。目をあけたとき、色が見えるくらいまでしっかり入れたら、ブラウンのアイラインを目尻に入れ、目元を引き締めましょう

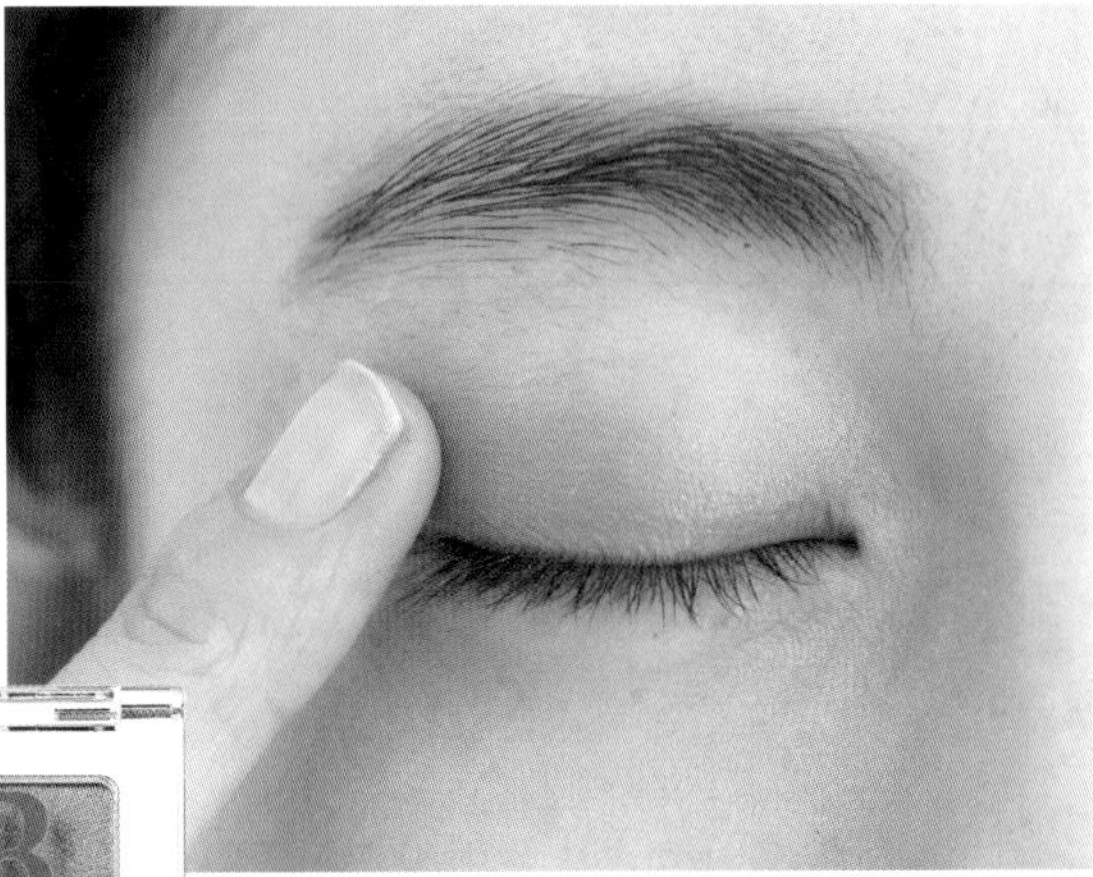

item

ゴールドの光を放つ黄み寄りブラウンなので、肌なじみは抜群。華やかなツヤ感で、まぶたもふっくら見えます。BABYMEE ニュアンスカラー シャドウ アンバーグロウ ¥880（Clue）

2

リップは角を使って塗ればきちんと感がアップ

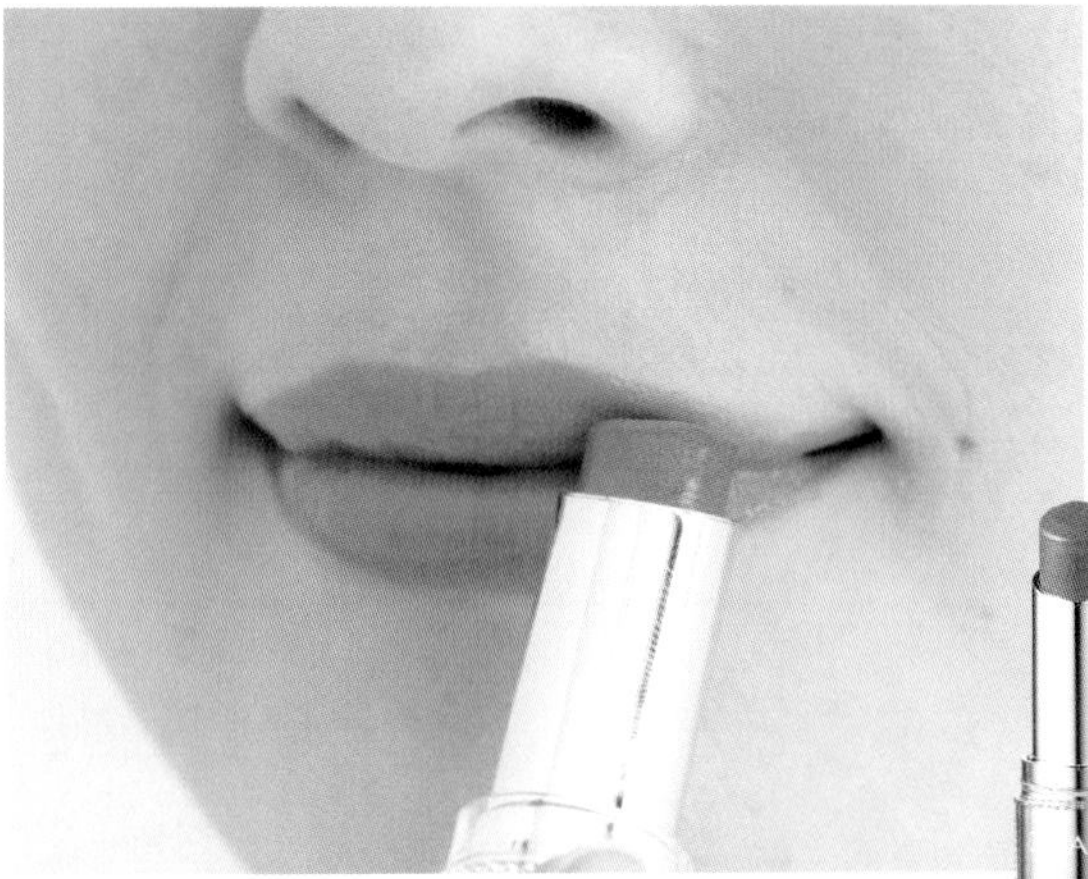

リップは角を使ってアウトラインをとりながら塗ると、ラフだけどボヤッとならないリップラインに。唇の中を塗りつぶしたら、上下の唇を引き込んで全体になじませます

item

赤ちゃんのようなピュアな唇に彩るシアーなピンク。とろけるようになじんで縦ジワまでカバー。セザンヌ ラスティンググロスリップ 201 ¥480（セザンヌ化粧品）

3

濃いめのチークは
ブラシで置くようにのせる

チークはリップとのバランスを見ながら、最後にのせます。チークブラシにとり、手の甲にブラシを当てて量を調整したら、さすらず、そっと置くようにして楕円状に。こうすると密着して落ちにくくなります

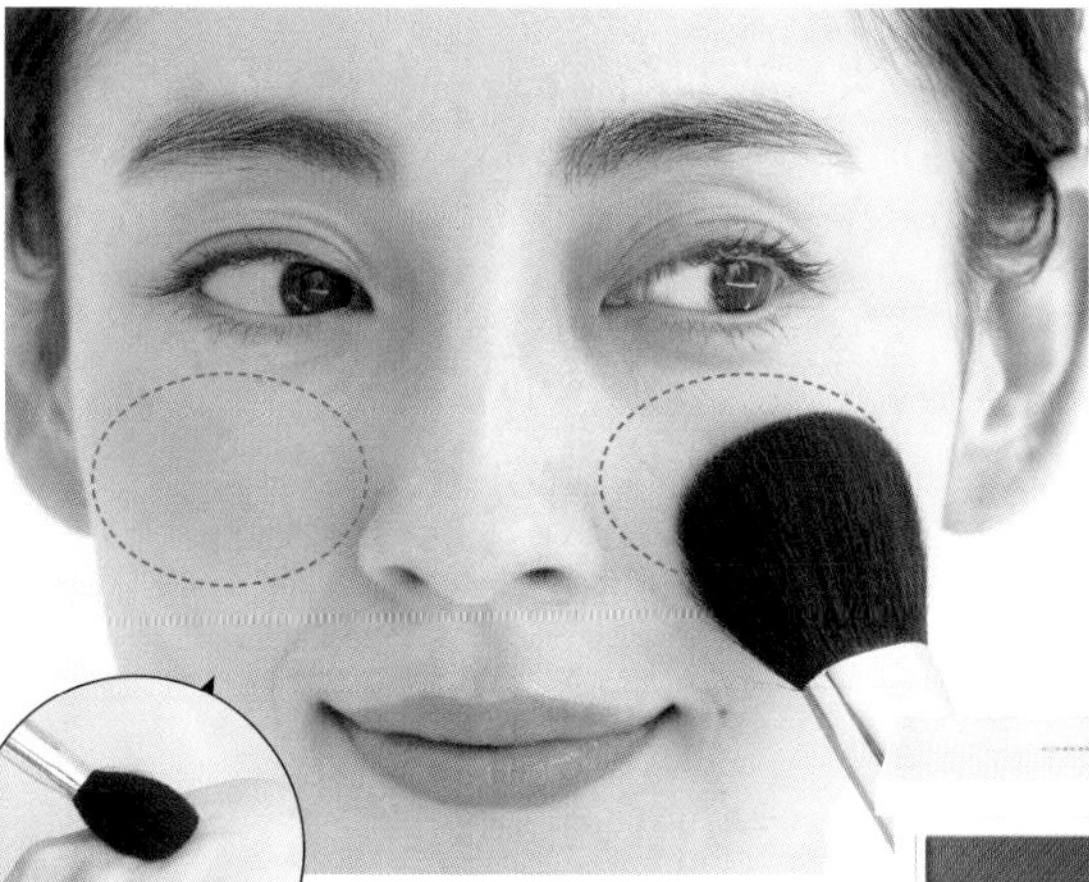

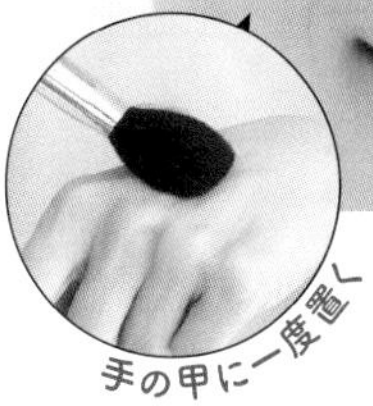

item

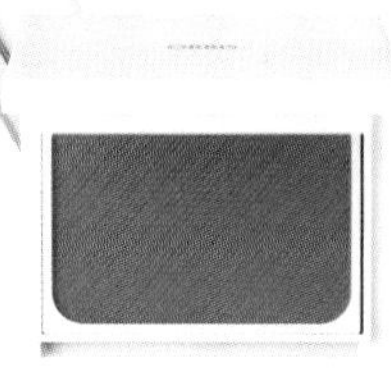

色名どおり「パプリカ」を思わせるフレッシュなレッド。透け感がある色づきで、頬にイキイキとした血色感をプラスします。ライトブラッシュ パプリカ ¥1800（オルビス）

SCENE 8

かしこまった場のための
フォーマルメイク

仕事の面接や大事な会議、プレゼン…など、ちょっと真面目でかしこまった印象を与えたいときに、覚えておくと便利なフォーマルメイクです。控えめだけど、きちんと感を演出できるメイクは、親せきの法事のような、礼節をわきまえたい場にもピッタリですよ。

重要なのは肌。薄いベールをまとったような上品なセミマットを目指しましょう。ピンクの下地でトーンを整えてから、パウダリーファンデをのせてくださいね。

さらに落ち着きを出すために、眉はいつもよりもやや暗めの色で仕上げます。眉尻のシルエットをシャープにすると凛とした雰囲気になるので、ペンシル使いがおすすめ。リップは好感度の高いコーラル、チークは赤みベージュを使いますが、どちらもあまり濃くならないようにするのがコツ。チークはスポンジでポンポンとのせ、リップは唇を軽くなでるようにしてくださいね。

背筋がスッと伸びるようなこのメイクは、清潔感があり、キリリとした印象を与えてくれますよ！

フォーマルシーンは、落ち着いた
美しさで、キリリとした表情に

HOW TO

フォーマルメイク

1

パウダリーファンデを置くようにのせる

下地を「なると置き」(P.17参照)し、ペトペトした感じがなくなったら、スポンジを置くようにしてパウダリーファンデを顔全体にのせます。その後、スポンジの表面でサッと払うようにして均一に仕上げて

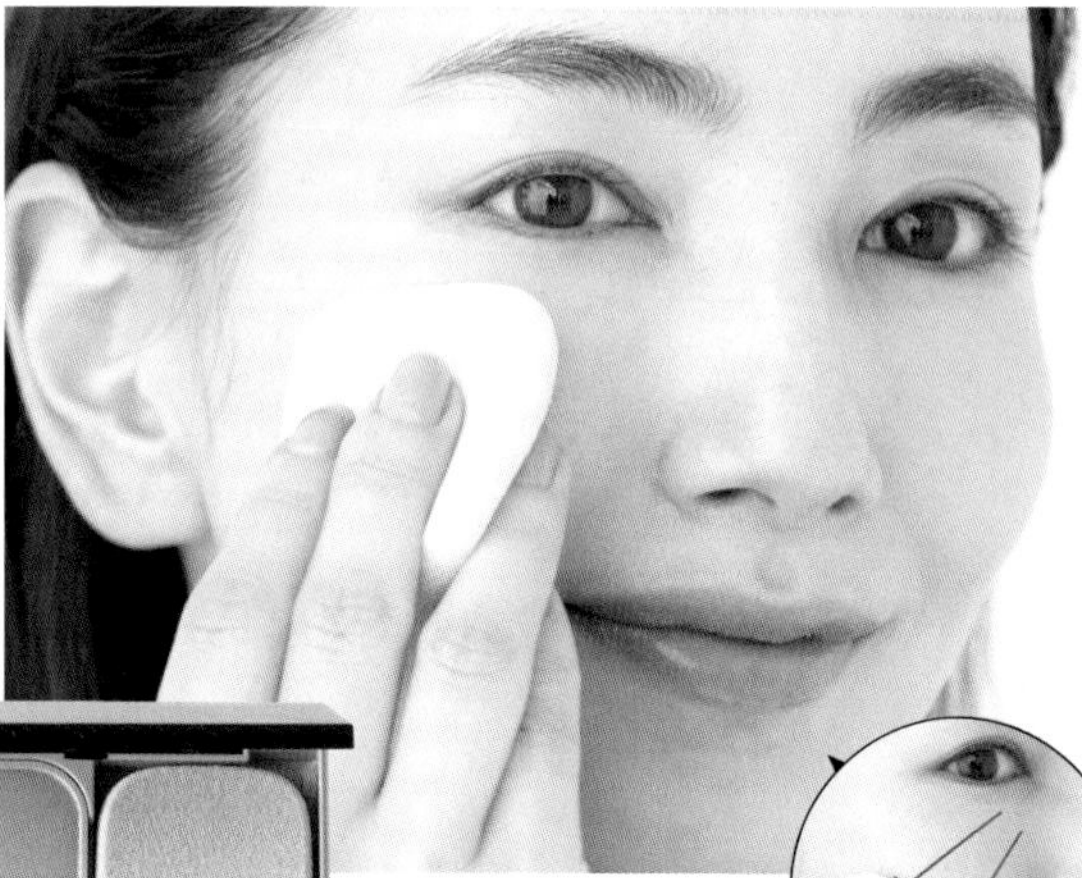

item

厚塗りになることなく、瞬時に毛穴や色ムラをカバーします。ヴィセ リシェ フィルタースキン ファンデーションSPF17・PA++ 全4色¥2200〈価格は編集部調べ〉(コーセー)

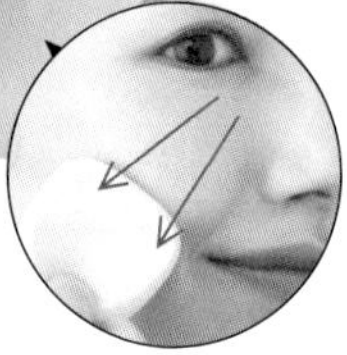

2

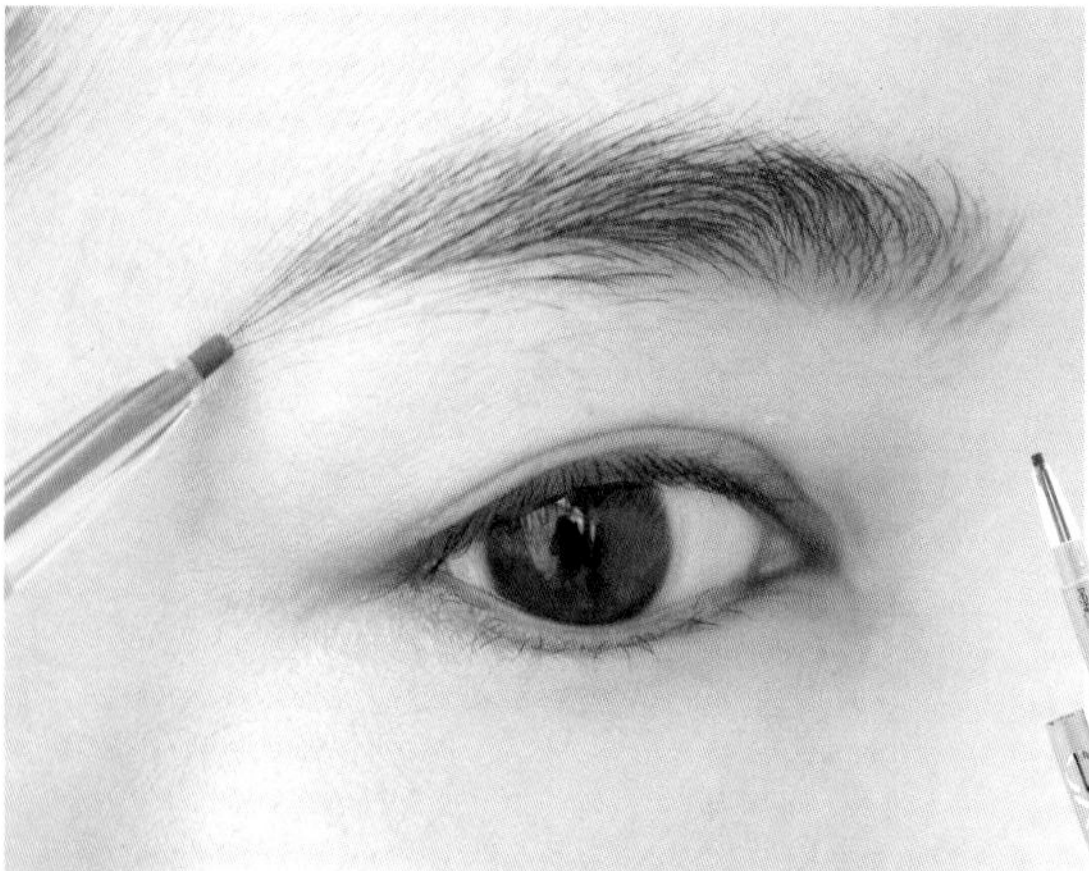

少し暗めの色のペンシルでシャープな眉尻に

アイブロウは、きちんと感を出すために明るい色のパウダーではなく、少し暗めのペンシルをセレクト。眉尻を中心に描きたし、シュッとしたシルエットに整えるのがコツ

item

ペンシルとパウダー、スクリューブラシが一体化。1本あれば美シルエットの眉が簡単に完成します。エクセル パウダー&ペンシル アイブロウEX PD01 ¥1450(常盤薬品工業)

3

コーラル系の
リップで唇に
自然な血色をプラス

リップの色は、もともとの唇の色を強調するようなコーラルを選択。歯ブラシのように持ち、横に軽くさするように滑らせて色づけたら、最後は上下の唇を引き込むようにしてなじませて

item

つけたての色が長時間持続する、落ちにくいティントルージュ。ピュアなコーラルカラーが唇に自然な血色感をプラス。リップエディション（ティントルージュ）03 ¥1500（エテュセ）

4

チークはスポンジで、
ほんのり入れる

チークは少し赤みのあるベージュ系を。スポンジにとって手の甲に一度置き、量を調整してから、頬にトントンと軽くたたきながらのせます。ごく薄く、モヤッと色づけて控えめに見せるのがコツ

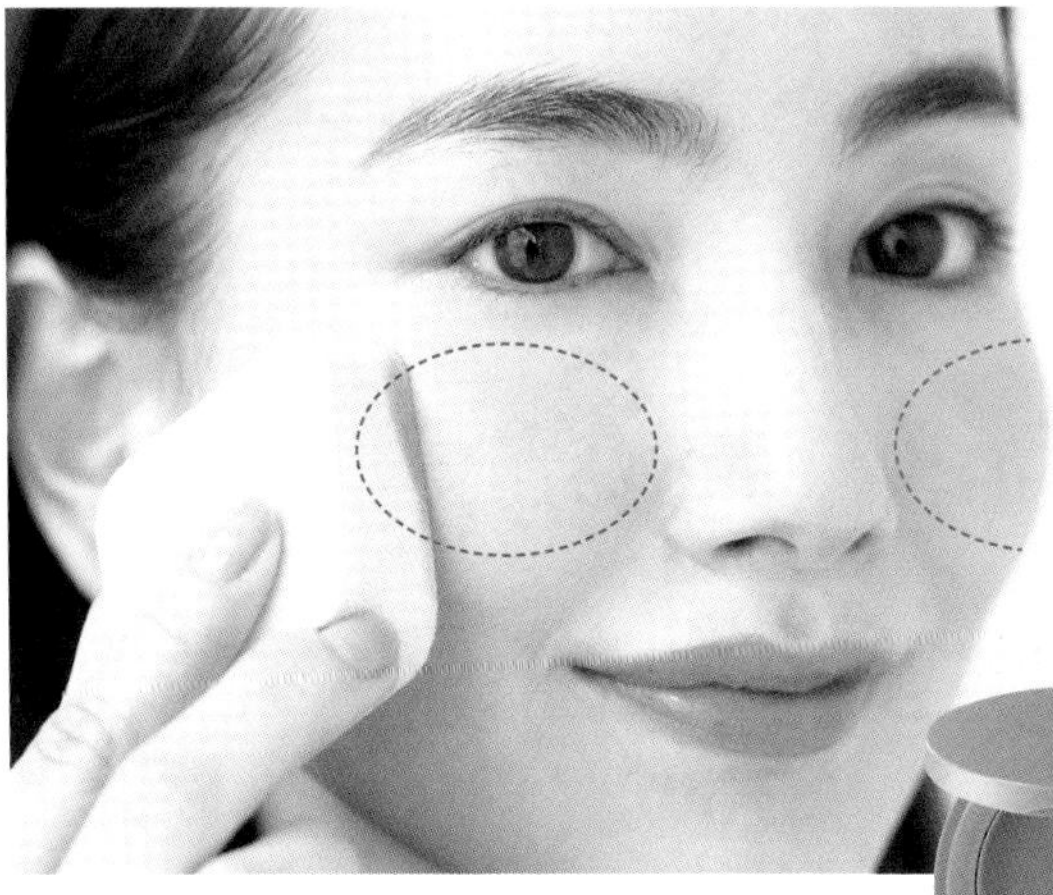

item

まろやかで、ほんのり血色を感じさせるベージュ色のクリームチーク。オンリーミネラル N by ONLY MINERALS ミネラルソリッドチーク コンプリート 04 ¥3200（ヤーマン）

湿気が多い日もベタベタしない！ SCENE 9

サラサラメイク

1 くずれ防止下地をなると形に置き、顔全体に広げる

くずれ防止の下地を頬に「なると置き」（P.17参照）し、中指と薬指を使って顔全体に広げます。小鼻は指で小さな円を描きながら毛穴に埋め込むと、くずれにくさがアップ！

item

化粧くずれを防止。コフレドール スキンイリュージョンプライマーUV SPF50+・PA+++ 25mℓ ¥2800〈価格は編集部調べ〉（カネボウ化粧品）

2 パウダリーファンデをブラシで塗る

パウダリーファンデをブラシにとったら、柄のお尻を机などにトンとたたきつけて毛の奥に粉を含ませます。ブラシで円を描きながら内から外に向かって滑らせ、ファンデを塗ります

item

肌ざわり抜群の密集した先細ナイロン毛だから、ムラづきなし。キャンメイク フェイスブラシ ¥800（井田ラボラトリーズ）

3 湿気や汗で落ちやすい眉はコート剤でガード

いつものようにポイントメイクを仕上げたら、消えやすい眉にはコート剤をプラス。毛並みに沿って、地肌にのせるように1回でサッと手早くなじませます。これで落ちない眉に

item

皮脂や汗、こすれから守り、美しい仕上がりをキープするコート剤。セザンヌ アイブロウコートEX ¥460（セザンヌ化粧品）

サラッとした軽やか肌で雨の日でもさわやか！

湿気が多い季節や雨の日、肌をサラサラに保ち、キレイな状態をキープするには、下準備が重要。スキンケアで保湿をしたあと、肌にピタッと密着する薄膜タイプの下地を重ねると、くずれにくさが格段にアップします。さらに、パウダリーファンデを塗るときに、ブラシでのせるのがポイント！ カバーしたい目の下は置くように、それ以外は円を描きながら顔全体に広げると、軽やかで厚塗りに見えず、ツヤも出てキレイです。ポイントメイクはいつもどおりでＯＫですが、眉メイクが湿気や汗で落ちると顔の印象が薄くなるので、コート剤を重ねると安心です。

SCENE 10

にぎやかお遊びイベントの きらめきメイク

1

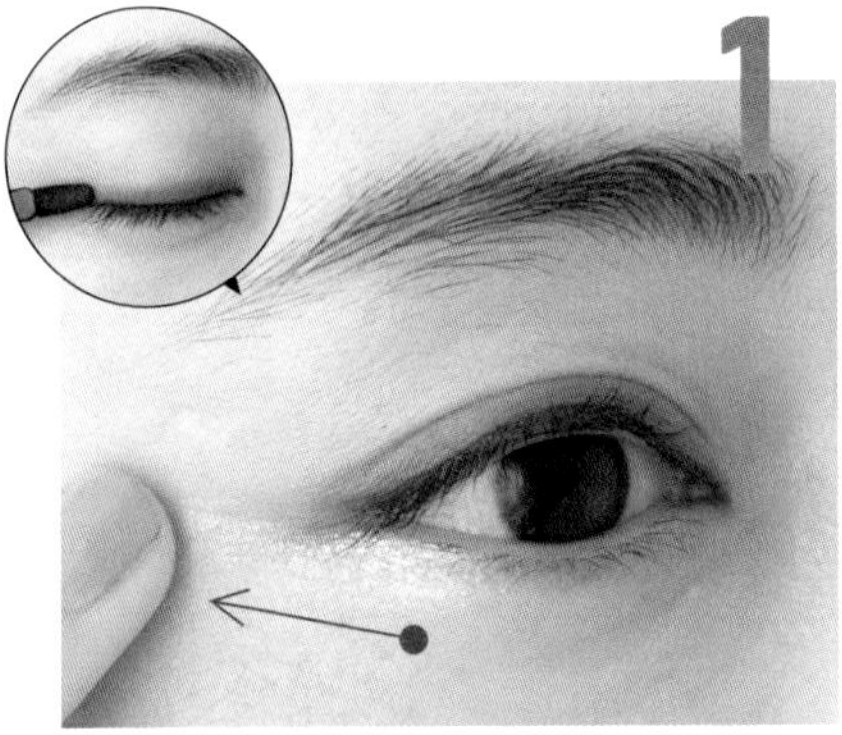

流れ星のイメージでラメシャドウをON

ブラウン系のアイカラーを、細めのチップで目のキワに入れてアイラインに。次にラメシャドウを薬指にとり、目尻のやや内側に置いたら、流れ星のイメージで目尻側に引いて

item

極上のツヤを与える、ゴールドを含んだグリーン。エレガンス レヨン ジュレアイズ 05 ¥3000（エレガンス コスメティックス）

2

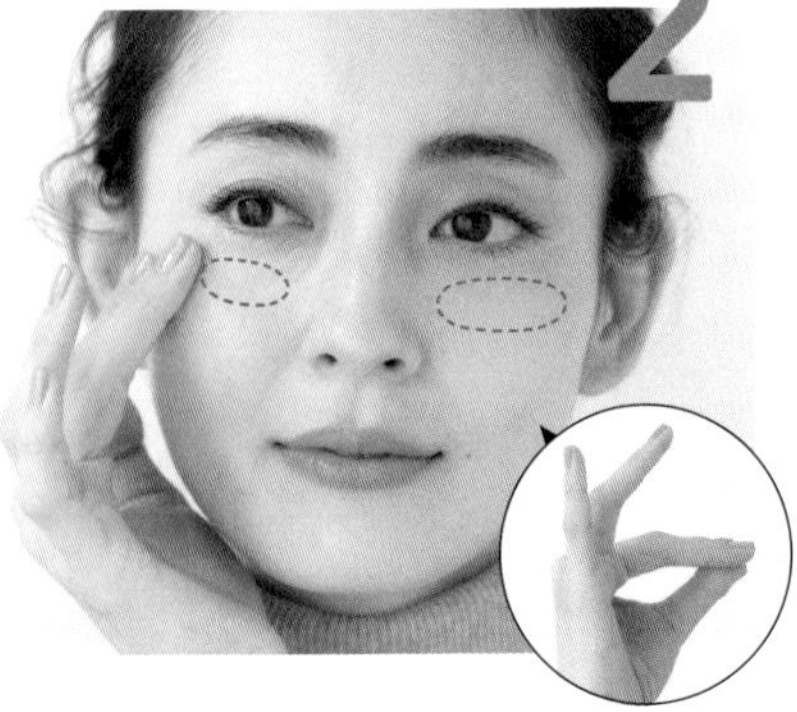

クリームチークを細長く入れてクールに!

クリームチークを人さし指と中指に取り、親指とこすり合わせるキツネ指にしてから、黒目の下から目尻の外側までトントンと置きます。目に対して平行な細長い楕円状に入れて

item

しっとりした質感のクリームチーク。ヘルシーなコーラルで頬に血色をプラス。MiMC ミネラルクリーミーチーク 07 ¥3300（MIMC）

3

リップを唇の中央に厚めに塗って立体的に

リップの角を使って唇の上の山をとったら、下唇の中央だけ、やや厚めに塗ります。上下の唇を引き込んでなじませたあと、両端を軽く塗りつぶすと、唇がふっくら見えて立体的に

item

濃密な発色の、クラシカルなオレンジベージュ。ヴィセ アヴァン リップスティック 027 ¥1600〈価格は編集部調べ〉（コーセー）

流れ星ラメシャドウが大人の遊び心を刺激

ハロウィンやホームパーティなど、いつもと違う遊び心を取り入れたい日は、ラメ入りアイテムをプラスしてみて。おすすめはグリーン系のラメシャドウ。目尻に流れ星のようにシュッとのせるだけで、おしゃれに見え、光の効果で目元のシワやくすみなどの欠点もカバーできますよ。

まつげは黒のマスカラで引き締めるとバランスよし！　目ヂカラがグーンとアップします。チークやリップは、グリーンと相性のいいオレンジ系を。とくにチークは「線」を意識してシャープに入れると、おしゃれな印象に仕上がります。

バカンス気分を盛り上げる SCENE 11

リゾートメイク

1

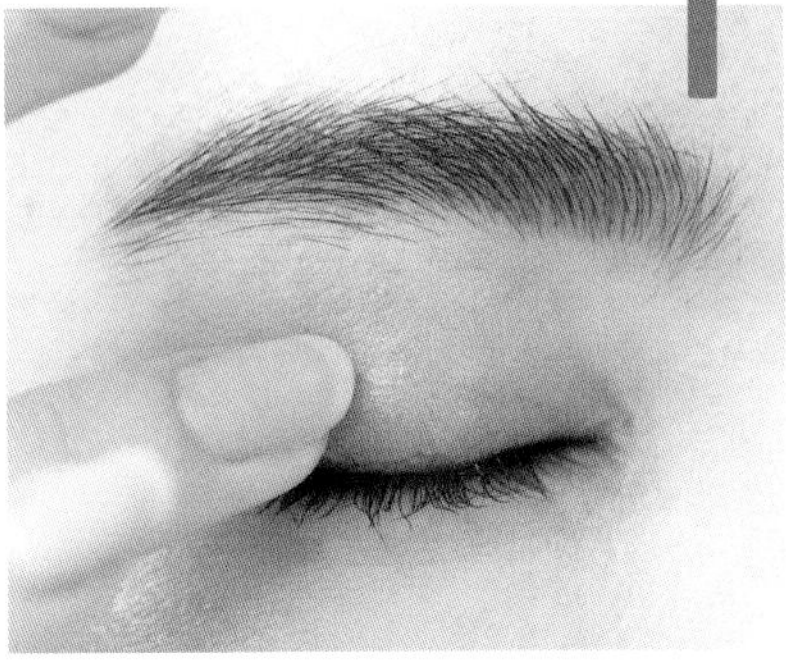

ブラウンのアイカラーを仕込む

ツヤのある赤みブラウンのアイカラーを指にとり、軽くさすりながら、まぶた全体に薄く広げます。ブラウンの効果で「彫り」を感じさせる影が生まれて、目が大きく見えます

item

赤みのあるナチュラルブラウン。エスプリーク セレクトアイカラーN グロウ BR324 ¥800〈価格は編集部調べ〉（コーセー）

2

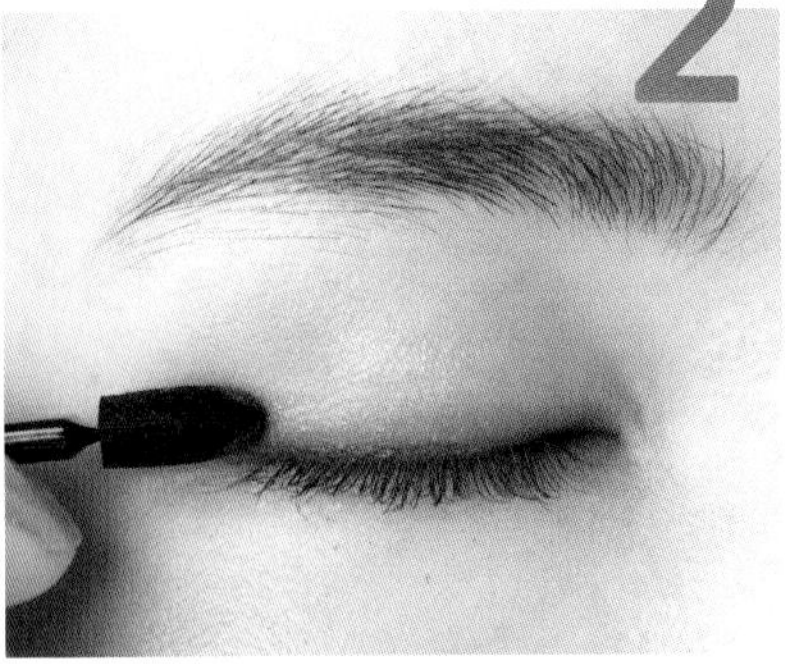

ブルーのアイカラーを目のキワに入れる

ブルーのアイカラーを細めのチップにとり、目のキワにアイラインのように入れます。目頭から目尻に向かってチップを滑らせ、目尻まで来たら横に引き、やや長めのラインにして

item

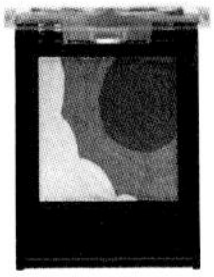

濃淡の効いたブルーが、目元に深みをプラス。ケイト ダーククローズシャドウ BU-1 ¥1100〈価格は編集部調べ〉カネボウ化粧品

3

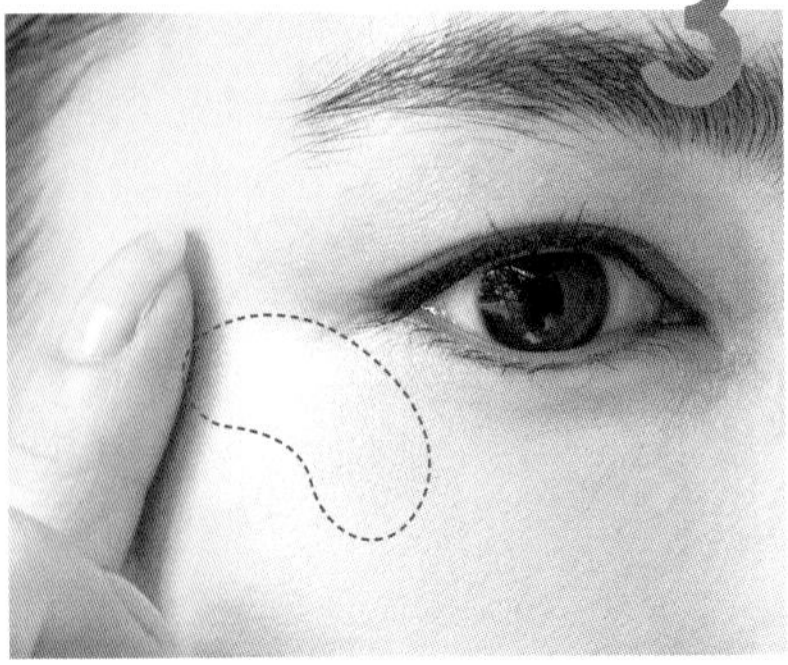

目尻の下のハイライトでブルーを強調

ハイライトを指にとり、手の甲に当てて量を調整したら、目尻下のくぼみにソラマメ状になるよう、軽くたたきながら広げます。光の効果でアイカラーのブルーとブラウンがより印象的に

item

複数のパールを配合したハイライトで、目元が明るく華やぎます。セザンヌ パールグロウハイライト 01 ¥600（セザンヌ化粧品）

ブラウンの彫りを仕込み、大人に似合うリゾートメイクに

ブルーのアイカラーを主役にしたメイクは、夏のバカンスにぴったり。でも、ブルーのアイカラーは、難しい印象がありますよね。失敗しないコツは、アイホールにブラウンのアイカラーを塗ってから、目のキワに「濃く＆細く」ブルーを入れること。ブラウンをベースに塗ることでブルーが浮かず、目を大きく見せる効果も。さらに、目尻下のくぼみに白のハイライトで光をプラスすれば、日やけでくすみがちな目元も明るく見え、ブルーのアイカラーも鮮やかに映えます。リップとチークは、ヘルシーなオレンジ系でワントーンにまとめると統一感が出ますよ。

顔にかかる影も怖くない！ SCENE 12

帽子メイク

1

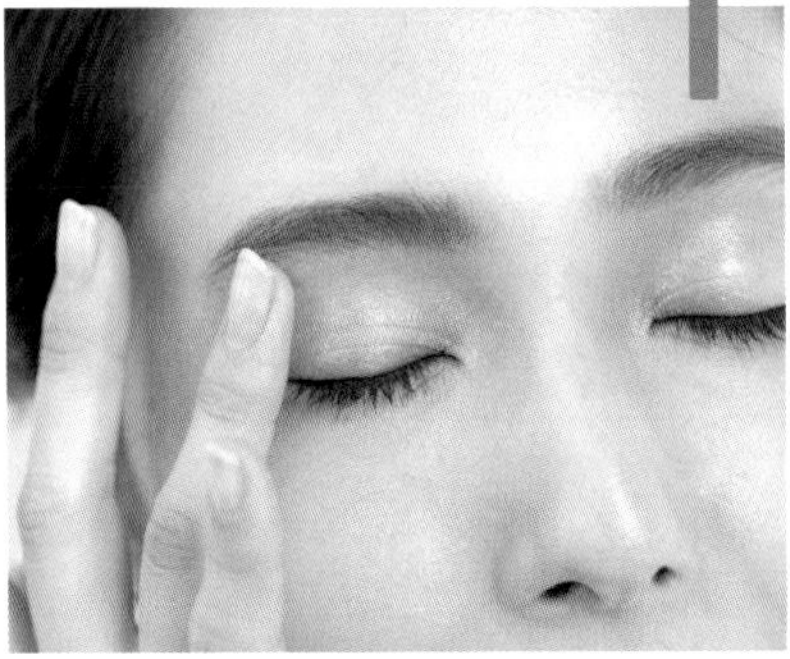

ラメ入りの明るいベージュでまぶたに光をON!

微細なラメ入りのライトベージュや白っぽいベージュを、まぶた全体に薬指の腹で置くようにのせ、帽子の影で暗くなりがちなまぶたに光をプラス

item

ベージュを感じさせる、上品なパールホワイト。ヴィセ アヴァン　シングルアイカラー 003 ¥800〈価格は編集部調べ〉（コーセー）

2

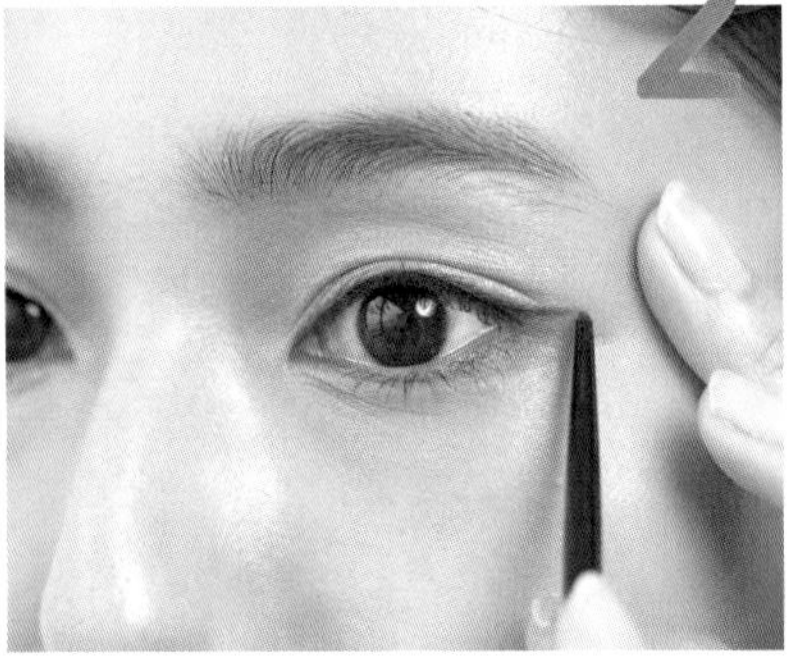

ブラウンの外ハネラインで目元を強調

目をあけ、反対の手で目尻を引き上げながら目尻½～⅓にブラウン系のジェルライナーでラインを入れます。目尻は少しハネ上げると、目の横幅が強調されてほどよいインパクトが出ます

item

1.5㎜の極細芯で理想のラインが可能に。ケイト　レアフィットジェルペンシル BR-2 ¥1100〈価格は編集部調べ〉（カネボウ化粧品）

3

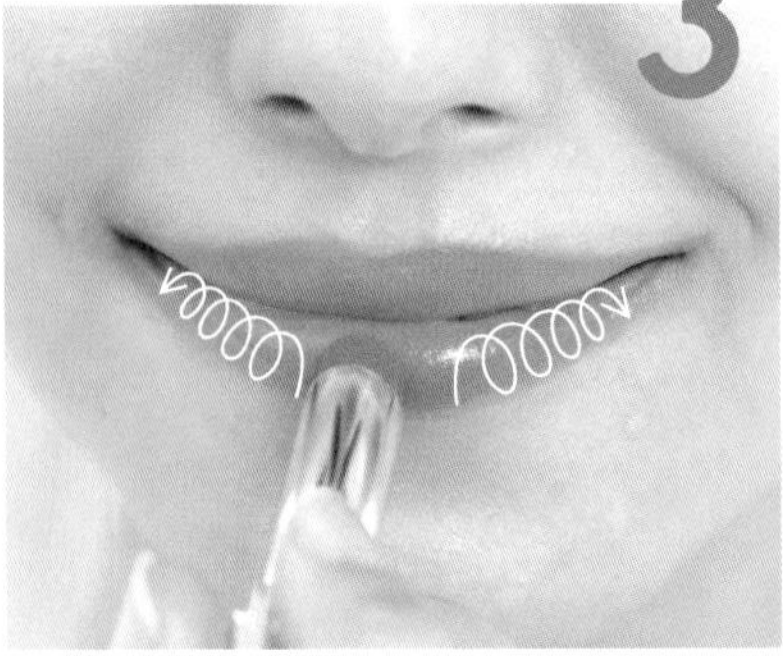

オレンジのティントリップでヘルシー感を

おすすめは、鮮やかな発色のオレンジのティントリップ。にっこり笑って唇を横に広げ、リップを押しつけながら小さな円を描く「グリグリ塗り」にすると、落ちにくさがアップ

item

鮮やかなアプリコットオレンジ。エスプリーク プライムティント ルージュ OR250 ¥2300〈価格は編集部調べ〉（コーセー）

明るめメイクで帽子からのチラ見え顔を華やかに

アウトドアで帽子をかぶるときは、つばからチラリと見える目元を印象的に仕上げましょう。帽子のつばの影で暗くなる目周りは、基本の「彫り」づくりに使うような濃いブラウンは避け、ラメ入りのライトベージュで明るく彩るのがポイント！　アイラインは、目尻を少しだけ外ハネさせるラインにすると、アクセントになりますよ。帽子で隠れる部分は多少手を抜いても大丈夫なので、アイブロウはサッと描くだけでOK。帽子のつばの影からのぞく鼻から下の部分はリップがカギ。オレンジのような明るい色を使って元気に仕上げてくださいね。

SCENE 13

海やプール、スポーツシーンにぴったり！

絶対落ちないメイク

海やプール、スポーツをする日は、落ちないメイクの出番です。このメイクは、気温が高い日に、マスクの中でメイクが蒸れてドロドロになるのも防いでくれるから、覚えていて損はありませんよ！

落ちないメイクは、土台となるベースメイクづくりが肝心。ここを強固に保っておくことで、上にのせたメイクがくずれるのを防ぎます。そのためには皮脂を吸着し、毛穴をフラットに整える毛穴下地がマスト。下地を仕込んだら、水で濡らして絞ったスポンジでリキッドファンデを顔全体に塗りましょう。水が蒸発すると同時に、ファンデに含まれている粉体がキュッと固まって肌に密着するから、厚塗りにならず、くずれる心配がありません。さらに、上からルースパウダーをつけたパフでギュッと地固めすれば、水や汗に負けないベースメイクの完成です。

濡れて眉が消えてしまわないように、眉は落ちにくいリキッドアイブロウを。マスカラもウォータープルーフタイプを選べば、パンダ目を防げて安心ですよ。

水に濡れても、汗をかいても
キレイを長時間キープ！

HOW TO

絶対落ちないメイク

1

毛穴下地をクルクル塗り、皮脂を抑える

皮脂を吸着してくずれを防ぐ毛穴下地を、写真の位置に塗りましょう。指で小さな円を描きながら、あらゆる方向から毛穴を埋めるように下地を塗り込んで

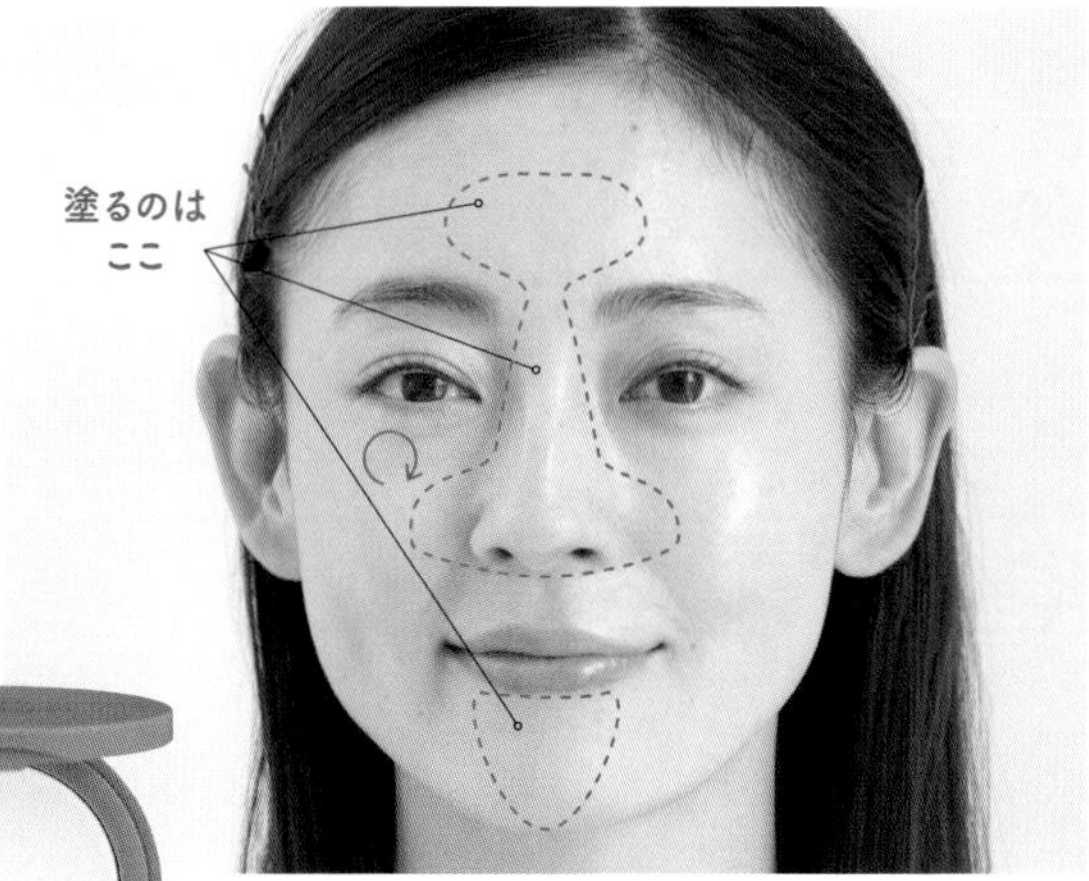

item

ミネラル＆天然由来成分配合。皮脂を抑えつつ毛穴の凹凸を埋め、フラットに整えます。オンリーミネラル N by ONLY MINERALS ミネラルクリアスムーザー ¥2700（ヤーマン）

2

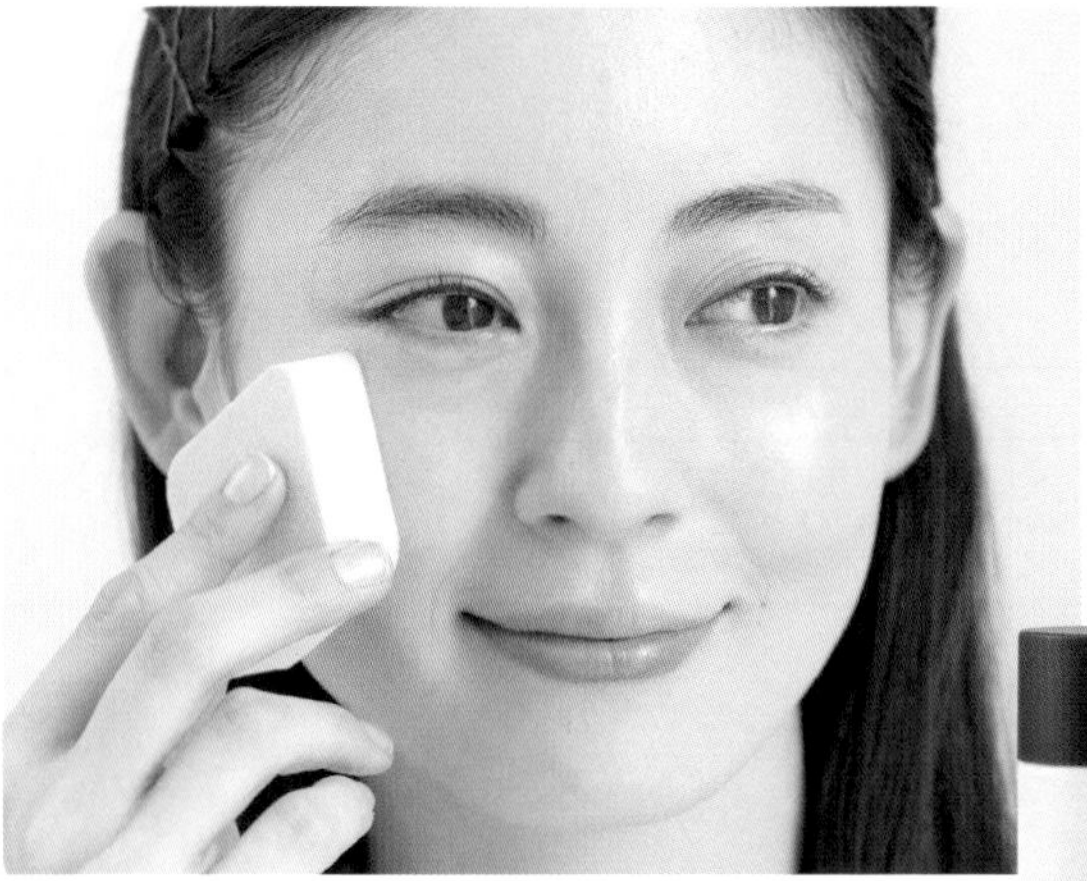

濡れスポンジでリキッドファンデを塗る

リキッドファンデを「なると置き」（P.17参照）し、水で濡らしてかたく絞ったスポンジを内から外に滑らせて顔全体にのばします。仕上げにスポンジで軽くたたいてパッティングすると、より強固なベースメイクに！

item

ウォータープルーフ＆テカリ防止のパウダー配合で、長時間くずれにくい肌をキープ。セザンヌ ラスティングカバーファンデーションSPF50+・PA+++ 全3色 ¥680（セザンヌ化粧品）

3 フェイスパウダーを目尻にのせ、パンダ目防止

パフでギュッと押すように顔全体にルースパウダーをのせて､くずれない地固めを。さらにアイシャドウブラシにパウダーをとり、パンダ目になりやすい目尻側の下まぶたにのせて

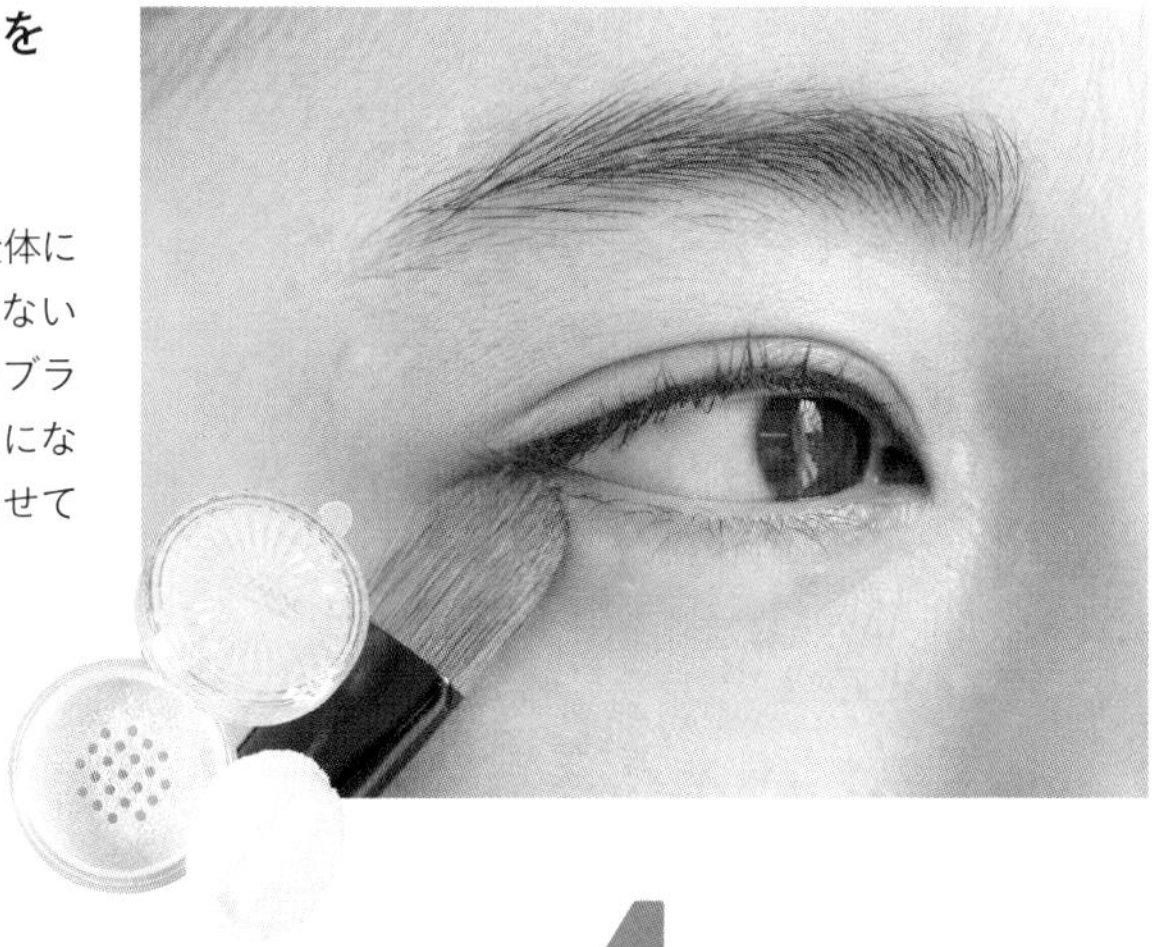

item

微粒子のパウダーがパサつくことなく、サラリとした肌に仕上げ、透明感を引き出します。セザンヌ うるふわ仕上げパウダー 01 SPF16・PA++ ¥780（セザンヌ化粧品）

4 リキッドアイブロウで水に負けない眉に！

絶対に落としたくない眉尻などは、乾くと落ちにくくなるリキッドアイブロウで描きたします。そのあと、いつものようにパウダーアイブロウをのせて、ふんわりとした自然な眉に仕上げて

item

汗に強く、一日じゅう美眉が続くリキッドアイブロウ。なぎなた形のペン先で描きやすい。プリオール 美眉ペン グレーブラウン¥1800〈価格は編集部調べ〉（プリオール）

item

テカリやにじみを防止。メイク キープ ミスト 80㎖ ¥1200〈価格は編集部調べ〉（コーセーコスメニエンス）

メイクの最後に専用スプレーで化粧もちがさらにアップ!

メイクをキープするスプレーを、メイクの最後にひと吹き。表面をコートし、メイクくずれをブロックします。乾燥も防ぐから水際はもちろん、マスクくずれを防ぎたい日にもピッタリ!

COLUMN 2

〝もっと〟メイクの時短をかなえる三種の神器！

本書ではさまざまなコスメを紹介していますが、とくにあると便利な3つをご紹介します。私も長年愛用している、頼もしいアイテムです。

1つ目は、厚みのあるスポンジ。ファンデを素早くのばせるだけでなく、ムラ塗りを防げるので、手で塗るよりも断然キレイに仕上がります。２つ目は、チークにもリップにも使えるマルチコスメ。チークとリップを同じ色にすると、メイクに統一感が生まれて〝いい感じ〟に。そして３つ目は、太めのクレヨンアイカラー。やわらかな質感で、目のキワにサッと入れれば、自然に目ヂカラがアップする優れモノ。この３つは持っていて損はナシ！ですよ。

三種の神器 1
▼
スポンジ

ファンデが手早くつけられる

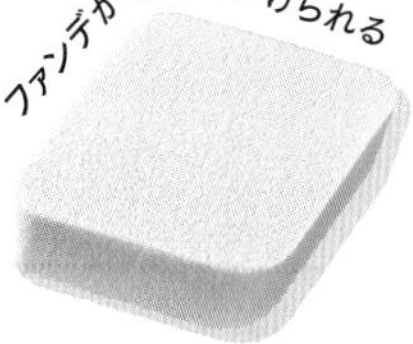

ダイヤ形で持ちやすく、圧を均一にかけられるから、ファンデもムラなく仕上がります。バリュースポンジ ダイヤ 6P ¥380（ロージーローザ）

三種の神器 2
▼
マルチコスメ

チークにもリップにもなる！

頬とリップにも使えるクリームチーク。おすすめは自然な血色を与えるクリアなレッド。キャンメイク クリームチーク CL01 ¥580（井田ラボラトリーズ）

三種の神器 3
▼
クレヨンアイカラー

アイラインいらずで、いい感じに

目のキワをラフに囲むだけで目ヂカラがアップする、ゴールドブラウン。マクレール クレヨンアイシャドウBR01 ¥1500（桃谷順天館）

この3つで、ベースもポイントメイクもさらに手早く仕上がりますよ！

LESSON 3

5分ヘアケア&アレンジで もっと〝いい感じ〟に

髪とうまくつき合えると
もっと自分が好きになる

多くの人が悩みをもつヘア。面積が大きく、人の目につきやすい髪が傷んでいると、疲れた印象に。だからといって、きっちりまとめすぎてしまうと、抜け感までなくなって残念な感じに…。しかも、加齢とともに、うねりや薄毛、白髪などの悩みが出てくると、実年齢より老けて見える問題まで発生！　髪悩みは尽きませんよね。

レッスン3では、そんなわがままヘアと上手につき合う方法を提案しています。ヘアアレンジは、忙しくても、不器用な人でもできるように、基本はゴム1本で結ぶだけと簡単！　しかも、抜け感があって軽やかです。また、いくつになっても髪のすこやかさは大切なので、基本的なヘアケアから、困ったときに使えるスタイリング法まで紹介します。

メイクと同様、ヘアもポイントさえ押さえればＯＫ！　そんなに難しく考えなくても、いつものやり方にちょっとしたコツを加えるだけでいいんです。髪とうまくつき合って、自分の髪をもっと好きになってくださいね。

5 MINUTES HAIR CARE

これさえ覚えれば、ほぼOK！

ヘアアレンジ3つのポイント

〝抜け感〟のあるヘアをつくるコツは、とても簡単！　まず、髪にコシを与え、ボリュームを出すバームかワックスをもみ込んでふくらませ、ゴムでギュッとしっかり結んだら、少しずつトップの髪を引き出し、ゆるさを出せばＯＫ！　この基本の３つのポイントさえ覚えておけば、ほかのアレンジにも応用できるので、抜け感のある今どきのヘアアレンジが簡単にできますよ。

寝グセは
ついたままで
OK!

/POINT/

1

ワックスをもみ込み、髪をふくらませる

ワックスかバームを適量とり、手のひらをこすり合わせて指先までなじませたら、髪を下から持ち上げて、バサバサと振りながら根元中心に髪全体にもみ込み、ふくらませます

NAGAI'S おすすめアイテム

キープ力が強い、メンズ用のハードバーム。適度な粘度があり、根元から髪を立ち上げます。アリミノ メン ハード バーム 60g ¥2500（アリミノ）
※美容室専売品

NAGAI'S
おすすめアイテム

髪を引き出すときにくずれないよう、ゴムはしっかり結ぶため、毛量が普通〜多い人は2〜3㎜幅の太めのゴムがおすすめ。毛量が少なければ細めでもOKです！

/ POINT /
2

手グシでざっくりまとめ、ゴムでしっかり結ぶ

クシやブラシは使わず、手グシで髪の毛をひとまとめにし、毛束の根元を太めのゴムできっちり結びます。くずれないよう、ゴムは少しきつめに結ぶのがポイント

/ POINT /
3

爪の先で髪を引き出してニュアンスを出す

ゴムの結び目を手で押さえ、反対の手の爪先でトップやサイドの髪を引き出し、ふくらみをプラス。もみあげなどの後れ毛は、バームのついた指先でねじって束感を出して

“顔周りの後れ毛は、ねじってニュアンスを出すと、疲れて見えず、おしゃれに仕上がりますよ！”

5 MINUTES HAIR CARE

手軽に印象チェンジ！ 前髪アレンジ

手軽に印象を変えたいとき、手っとり早くできるのが前髪アレンジです。流したり、透けさせたりして、変化をつけておしゃれを楽しみましょう

小顔効果も抜群！ ラウンド前髪

9対1に分け、多い方の髪を少しカーブさせた「ラウンド前髪」は、前髪が長めの人にチャレンジしてほしい髪型です。おでこをほどよく隠すので、面長が気になる人や、小顔に見せたい人にもおすすめ！　全体的にふんわりとした丸みを出すことで、大人びたクラシカルな雰囲気を演出できます。

1／手グシで髪を9対1に分ける

髪にバームなどを仕込んだら（P.76参照）、手グシでざっくりと髪を9対1に分けましょう。トップの髪は、頭のてっぺんあたりから前に持ってきてラウンドさせ、前髪風にします

2／後ろに髪を集めゴムでしっかり結ぶ

サイドの髪は、耳が隠れるように、ゆったり耳にかぶせるようにしながら、うなじあたりに集めます。ひとつに束ねたら、ゴムでしっかり結びましょう

ゴムを隠すと
おしゃれ!

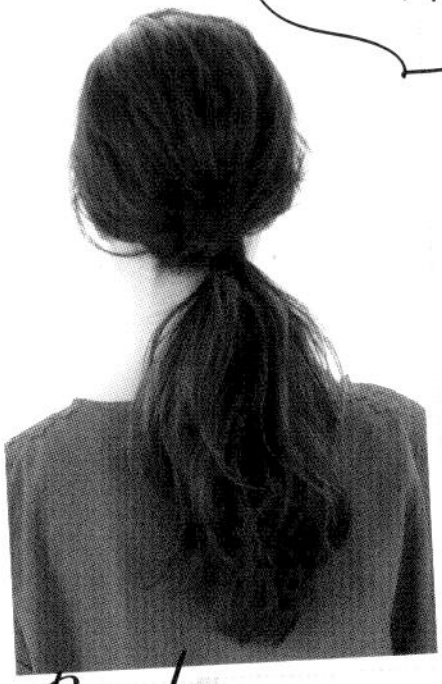

Back

ふんわりした丸い前髪が
クラシカルで上品な印象に

3/ 丸いシルエットに整える

ゴムの結び目を押さえながら、反対の手の爪先でトップの毛を少しずつつまみ出し、全体にふんわりとした丸みを出します

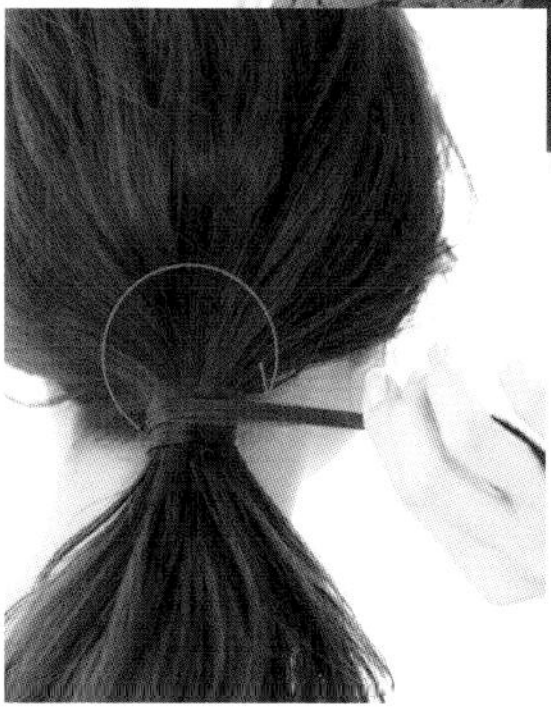

4/ 少量の髪を結び目に巻きつけてゴムを隠す

結び目に巻きつけてゴムを隠すと、よりおしゃれ度がアップします。毛束から髪を少量とり、結び目に巻きつけ、毛先をゴムにはさんで固定します

トレンド感たっぷり！
透け前髪

さわやかで軽やかな雰囲気を出すことができる「透け前髪」。前髪とトップの毛を「逆くるりんぱ」でポンパドール風にし、前髪をすいたように適量残せば完成！　のびてしまった前髪も、逆くるりんぱの際に一緒に巻き込んでしまえば、ピンを使わなくても、くずれにくくなるのがいいところです。

1/ 前髪を適量残して トップをまとめる

髪にバームなどを仕込んだら（P.76参照）、目尻の幅で前髪とトップの毛をとり、前髪を適量残して頭頂部でゴムで結びます。前髪が短い人は、前の方で結ぶと毛が飛び出ません

2/ まとめた毛束を 「逆くるりんぱ」

①でまとめた毛束のゴムの結び目を少し下げ、ゴムのすぐ上の部分の毛束を半分に割って穴をあけます。その穴に毛先を下から上にくぐらせて「逆くるりんぱ」をつくりましょう

“「逆くるりんぱ」で簡単にカジュアルな雰囲気に。トップが持ち上がるので、髪がつぶれやすい人にも◎”

3 / 毛束を割り、トップを立体的に

②でとおした毛束を割り、左右にギュッと引っぱってゴムを押し上げます。そうすると、自然にトップが持ち上がり、おしゃれなポンパドール風の立体感が生まれます

4 / トップを引き出し、ラフにくずす

ゴムの結び目を押さえながら、反対の手の爪先でトップの髪や「逆くるりんぱ」した部分を少しずつつまみ出し、さらにラフな立体感をプラスしましょう

軽やかで元気な雰囲気！
おしゃれ感もアップ

Side

清潔感を演出
すっきり前髪

前髪を7対3に分け、ピンで留める「すっきり前髪」は、清潔感ときちんと感を両立した上品なヘアです。前髪をコームでなでつけてからピンで留めるだけなので、クセでいうことを聞かない日にも便利！　ピンは、少しデザイン性があるものを選ぶと子どもっぽくなりませんよ。

1/
前髪をコームで7対3に分ける

コームを使い、前髪を7対3に分けます。目が詰まったコームで髪をなでつけるようにすると、クセがリセットできるので、時間がないときでも簡単。後ろ髪はサッととかすだけでOKです

2/
前髪をおでこに少しかけて斜めに流す

7に分けた方の前髪は、少しおでこにかかるよう、斜めに流しながら耳にかけると、小顔に見える効果も。耳の上あたりにピンを複数差して前髪を固定します

ピン使いで
トレンド感アップ

Side

きちんとした
シーンにも似合う
清潔感のある前髪に

3/
耳に髪をかけ、
ピンで固定

3に分けた方の髪も耳にかけ、耳の上あたりにピンを差し、固定します。ピンは、左右のバランスを見ながら本数を変えたり、太さに変化をつけたりすると、おしゃれ

雨の日のうねりとハネの解決法

雨の日は、髪の毛が広がってまとまらないことも。ハーフアップやヘアケアで快適に乗りきりましょう

雨の日は湿気で髪がボワッと膨張しがち。ハーフアップで広がりを抑えると、快適に過ごせるうえ、華やかに見えますよ。ベースにはバームを仕込むのがポイント。オイルを含んでいるので湿気に負けず、いい感じにまとまり、髪がペチャンコにつぶれる心配もありません。

ヘアアレンジで解決！

顔周りすっきり ハーフアップ

1／根元中心にバームを仕込む

バームを手に適量とり、手のひらをこすり合わせてなじませます。髪を下から持ち上げてバサバサと振り、中に空気を含ませながら、根元中心に髪全体にもみ込みましょう

2／耳の延長線上でしっかり結ぶ

耳から上の左右の髪と、トップの髪を手グシでまとめ、耳の延長線上の高い位置で、ゴムを使って結び、ハーフアップをつくります。しっかり結ぶと、くずれにくさがアップ！

髪の広がりやうねりを防ぐ
ハーフアップなら
雨の日も快適＆華やか

3/ 髪を少しずつ引き出し トップに丸みを出す

ゴムの結び目を押さえながら、トップやサイドの髪を爪先で少しずつつまみ出し、丸みを帯びたシルエットにします。前髪は指でねじって束感を出すとさわやか

4/ 細かい毛は ヘアスプレーで押さえる

飛び出した毛が気になるときは、ハードタイプのセットスプレーで解決。柄の長いコームの持ち手にスプレーを吹きつけ、髪表面に持ち手をなでつけて、落ち着かせて

ヘアケアで解決！

ヘアオイルで ダメージをケア

NAGAI'S おすすめアイテム

オーガニックホホバオイルが、髪表面のキューティクルをコートしてツヤやかに。アルジェラン ダメージ リペア ヘアオイル 60mℓ ¥1600（マツモトキヨシ）

髪が湿気でうねってしまうのは、もともとの髪質もありますが、髪が傷んでいることも大きな原因です。ダメージをケアするようなヘアオイルを活用しましょう。傷んだ髪を修復しながら、髪表面のキューティクルをコートして髪をまとめるから、パサつきのないワンランク上のツヤ髪になれますよ。

1/ 手グシで髪の中間から オイルをなじませる

洗髪後、タオルドライした髪にオイルをなじませましょう。地肌につけるのは避け、手グシで髪の中間からなじませます

傷みやすいところを中心に

2/ 毛先はギュッとつかんで ダメージ補修

とくに傷みやすい毛先は、オイルをつけた手でギュッとつかむようにしてなじませます。最後に手に残ったオイルを髪表面になでつけるようにすると、ツヤツヤに

スタイリングで解決！

ハネが気になる部分を軽く押さえる

湿気でピンピンと短い毛が飛び出す、いわゆる「アホ毛」や、まとめきれない後れ毛は、まとめる効果の高いスタイリング剤を使うと自然に落ち着きます。ただし、ぴっちりまとめすぎると、軽やかさや抜け感がなくなってしまうので、気になる部分だけを押さえるのがポイント。

NAGAI'S おすすめアイテム

とろみのあるジェルと、マスカラ状のブラシがサイドやえり足から飛び出した短い髪もキャッチ。エルジューダ ポイントケアスティック¥1500（ミルボン）※美容室専売品

“ドライヤーの前にヘアオイルをつけたり，週に1〜2回はトリートメントをするなど、髪のダメージをケアすると、アホ毛が出にくくなりますよ！”

NAGAI'S おすすめアイテム

a

b

a ヘアワックスがコームと一体化。髪をとかすようにして、なでつけるだけで適度な濡れ感をプラスし、パサつきを抑えます。フジコ色っぽスティック ¥1400（かならぼ）
b 滑らせるだけで髪をまとめる、スティック型ヘアワックス。マトメージュ まとめ髪スティック レギュラー ¥550（ウテナ）

5 MINUTES HAIR CARE

困った！ 寝グセのクイック対処法

忙しい朝に大敵の寝グセ。パッとまとめるアレンジや素早く直すテクで、短時間でいい感じのヘアにシフトしましょう！

寝グセがついてしまったら、クセを生かして、お団子ヘアにするのがおすすめ！ サラサラの髪ではまとめにくいお団子も、クセのついた髪なら簡単にまとまり、時短にもなります。ただし、ギュッと強く丸めると子どもっぽい印象になるので、ラフにまとめるのが、大人のお団子のルールです。

ヘアアレンジで解決！

ふんわり 大人のお団子ヘア

1／手グシでまとめ ゴムシニヨンをつくる

バームなどを仕込み（P.76参照）、髪の毛全体を手グシでまとめ、高い位置にゴムできつめに結びます。毛先はゴムから引き抜かずに毛束を輪にしてまとめる「ゴムシニヨン」に

2／毛束を巻きつけて お団子をつくる

①のゴムシニヨンの根元に、毛束をねじりながら巻きつけて丸みを出し、大きなお団子をつくります。毛先はゴムに入れ込むようにはさみ、固定しましょう

**クセを生かしながら
ゆるく、ラフにまとめて
抜け感を演出**

3 / お団子をくずし、ラフに仕上げる

②でつくったお団子を指先でくずし、ふんわりさせます。お団子から毛先が出てきたら、再度ゴムに入れ込めばOK。指先にバームをつけておくと、まとめやすくなります

4 / 髪全体のシルエットを丸く整える

結び目を押さえながら、全体がふんわり丸いシルエットになるようにトップ、サイド、バックの髪を爪先で少しずつ引き出します。顔周りの後れ毛はねじって束感をプラスして

スタイリングで解決!

ミスト&ドライヤーでクセを矯正

アレンジができない長さの人や、クセをとってストレートに近づけたいときは、ミストウォーターで髪を濡らし、髪を引っぱりながらドライヤーをかけましょう。なお、シャンプー後は、ドライヤーで乾かすことが大切。生乾きを防ぐことで、寝グセ防止はもちろん、冬は冷え、夏は雑菌の繁殖を抑えます。

NAGAI'S おすすめアイテム

ドライヤーの熱から髪を守り、毛先までしっとりまとめます。スティーブンノルハイドロリニュー ミスト モイスチュアリペア 250㎖ ¥1300〈価格は編集部調べ〉(コーセー)

まんべんなくスプレー♪

1/ ミストウォーターでクセをリセット

ミストウォーターを髪全体にしっかりスプレーして髪を濡らし、クセをリセット。次に使うドライヤーの熱から髪を守る効果もあります

2/ 髪を引っぱりながらドライヤーをかける

髪を引っぱり、クセを矯正しながらドライヤーをかけましょう。まず髪の根元を中心に乾かしたあと、髪表面の斜め上からドライヤーを当てると、うねりが抑えられます

生えギワ白髪の カモフラージュ技

生えギワに白髪がチラッと見え始めたら、自然に
目立たなくする方法でカモフラージュしましょう

NAGAI'S おすすめアイテム

大きなブラシが、生えギワの髪をキャッチし、ピンポイントでカバー。シャンプーで落とせます。全2色　ブラッシングヘアカラー ¥1300（資生堂）

ヘアケアで解決！

ピンポイントでリタッチ

のびると目立つ生えギワの白髪は、マスカラタイプの白髪隠しが便利です。短い髪をキャッチできるような、毛量がたっぷりしたブラシで、色は白髪になじむものを選びましょう。また、つけるのはヘアアレンジの最後にすること。そうすると、塗る範囲も最小限ですみますよ。

ヘアカラーの色落ちは、UVケアでブロック！

ヘアカラーは、紫外線に当たると抜けやすくなるので、とくに紫外線が強い季節は、外出の際に髪にも使えるUVカットスプレーや帽子などでガードを。また、シャンプーのときは、指の腹を使って摩擦を起こさないように洗うのも色落ち防止のコツ

a 髪をうるおいヴェールでコート。DHC ヘアグロススプレー UV 100g ¥1150（DHC） b 顔や体、髪や頭皮を紫外線からブロック。サンカット® パーフェクトUV　スプレー 60g ¥739〈価格は編集部調べ〉（コーセーコスメポート）

ヘアアレンジで解決！

根元をふんわりさせて
白髪ぼかし

髪の根元を立ち上げ、ふんわりさせることも、白髪を目立たなくするコツ。ひとつ結びにし、生えギワからトップの髪を高めに引き出し、高低差をつけるのがポイント。立体感を強調し、影ができることで、生えギワの白髪がぼやけて自然にカモフラージュできますよ！

1／バームなどを仕込んで後ろでひとつに結ぶ

根元を中心にバームなどを仕込みます（P.76参照）。低めのポニーテールになるよう髪をまとめ、太めのゴムで結びましょう

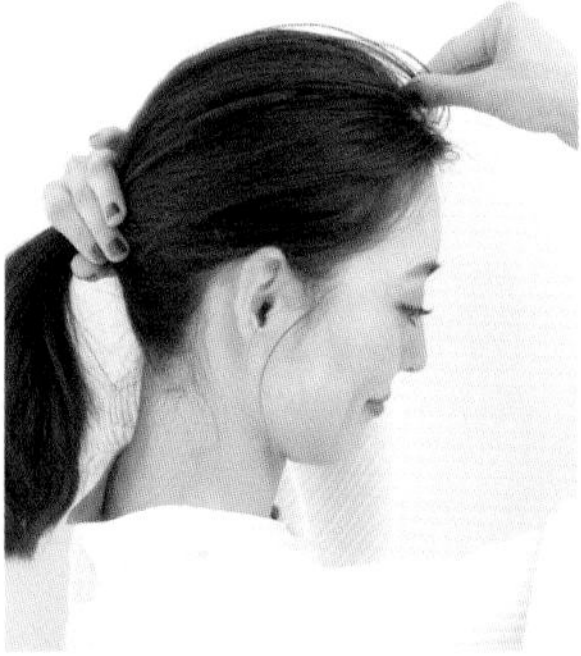

2／トップの部分を高めに引き出す

ゴムの結び目を押さえながら、反対の爪先でトップの毛をランダムに少量つまみ、高めに引き出します

3／ハードスプレーで立ち上がりをキープ

引き出した髪が倒れないよう、立ち上がりを中心に、固まるタイプのハードスプレーをかけてスタイルをキープ。この時点でもまだ見えている白髪は、白髪隠しなどでカバーを

白髪が自然に隠れ、ボリュームまでアップ！

ターバンなら、さらに手軽に隠せる！

時間がないときやヘアアレンジがうまくできないときは、ターバンがおすすめ。耳を隠すようにしてつけると、小顔効果もバッチリ！

5 MINUTES HAIR CARE

ボリュームダウンのペタ髪復活ワザ

もともと毛量が少ない人や、加齢でハリ&コシがなくなり、髪がつぶれやすくなった人は、地肌ケアや、分け目を変えて復活を!

ヘアケアで解決!

ブラッシングで頭皮をすこやかに

頭皮全体をマッサージ

ボリューム不足の原因となる、抜け毛や薄毛防止には、頭皮ケアで頭皮環境を健康的に保つことが大切です。頭皮ブラシ（パドルブラシ）で血行促進を心がけましょう。顔のたるみやむくみ解消にもなりますよ。エイジングケアとして、ぜひ毎日の習慣にしてくださいね！

血行促進で髪のハリ＆コシをアップ

洗髪後、タオルドライをしたら、頭皮用のヘアケア剤を塗布し、頭皮ブラシでマッサージして（指の腹を使ってもOK）。前後左右など、あらゆる方向からブラッシングすると◎

乾燥をケアし、健康的な頭皮に。キュレル 頭皮保湿ローション 120mℓ ¥1300〈価格は編集部調べ〉（花王）

NAGAI'S おすすめアイテム

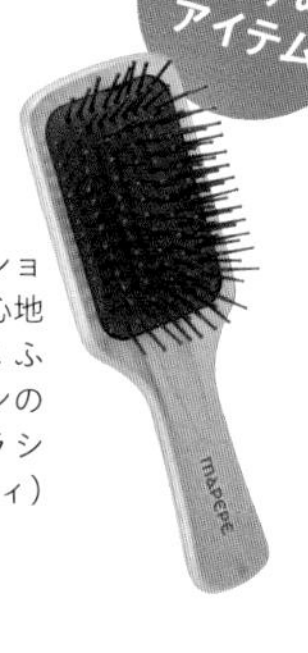

弾力のあるクッション材が、頭皮を心地よく刺激。マペペ ふかふかクッションのミニパドルブラシ ¥1000（シャンティ）

スタイリングで解決！

指1本で分け目を変える

髪がつぶれるのは、毛量が少なく、細くてコシがないという理由もありますが、分け目がいつも同じなのも原因です。分け目を固定してしまうと、髪が薄くなり、地肌が見えてきてしまうことも。ときどき分け目を変えると、髪がふんわりし、イメージが変わりますよ！

1／指1本分ずらして分け目を変える

いつもの分け目から指1本分、ずらしたところに指を入れます

2／髪をすくい新しい分け目をつくる

指で髪をすくい、いつもの分け目を隠すように上から髪をフワッとのせ、新しい分け目をつくります。新しい分け目が安定しない場合は、ハードスプレーなどで固定しましょう

分け目を変えるとふんわり“いい感じ”

分け目を変えるだけで、頭頂部の髪が持ち上がって、ふんわりボリュームアップ。イメージも簡単に変えられ、明るい雰囲気に！

COLUMN 3

ヘアはちょっとルーズがちょうどいい

抜け感があると
やわらかい雰囲気に！

きっちり
まとめすぎると
近寄りがたい
印象に…

ラフにまとめた方が
こなれ感が出せます。
後れ毛は、バームなどで
束感を出せば
魅力的に！

美しいヘアの定義は、「アホ毛がない、一糸乱れぬ髪」と思い込んでいませんか？　今は、ちょっとしたハネやクセを生かしたヘアがトレンドです。上の写真を見てもわかるように、クシやブラシでぴっちりまとめてしまうと、かたい印象になり、少し残念な感じに…。その逆に後れ毛があり、ルーズなシルエットの方が、抜け感もあって今どきに見えます。髪にクセがある人が、ほとんどだと思いますが、クセがある方がふんわりとしたボリュームも出せるし、じつはアレンジもしやすいんです。「自分の髪はクセがあるから…」とあきらめず、個性を生かして、ぜひヘアも楽しんでくださいね！

LESSON 4

大人のメイク＆肌悩みを一発解決！

メイク悩みも肌悩みも簡単テクで解決しよう

長井流「基本の10分メイク」（P.16〜参照）で、ほとんどのシミやくまは隠れ、くずれにくいから化粧直しも必要なく、一日じゅう快適に過ごすことができます。それでも、年齢とともに目立つくすみやくま、大きく濃くなったシミ、目の形に伴う悩み…など、コンプレックスが気になってしまうこともありますよね。

　レッスン4では、そんな基本の10分メイクだけでは解決できない肌やメイクの悩み対策を紹介しています。これまで多くの撮影現場やメイクレッスンにおいて、あらゆるお悩みを解決してきました。どれも、そんな長井がたどり着いた、簡単なのに手応えのある方法です！　もちろん、時間はかかりません。使用するアイテムも手持ちのものや、ドラッグストアで手に入るようなものばかり。あまり難しく考えなくても大丈夫。

　ベースとなる肌やメイクがいい感じに仕上がると、気持ちが前向きになって自分に自信がもてるはず。困ったときに、気になるページを開いてみてくださいね！

QUESTION 01

肌のザラつきやくすみが気になります

▽

A 古い角質や角栓をオフすると肌が明るく、なめらかに！

毎日の洗顔では落ちにくい古い角質がたまっている可能性があります。週に1〜2回、角質ケアをとり入れてみて。ツルッとしたむき卵のような手ざわりになって、化粧水の浸透もアップし、肌がワントーン明るくなりますよ。また、皮脂が多い人は小鼻に角栓がたまっていることも。クレンジングオイルを使ったマッサージも効果的です

ザラつきやくすみが気になるのはココ！

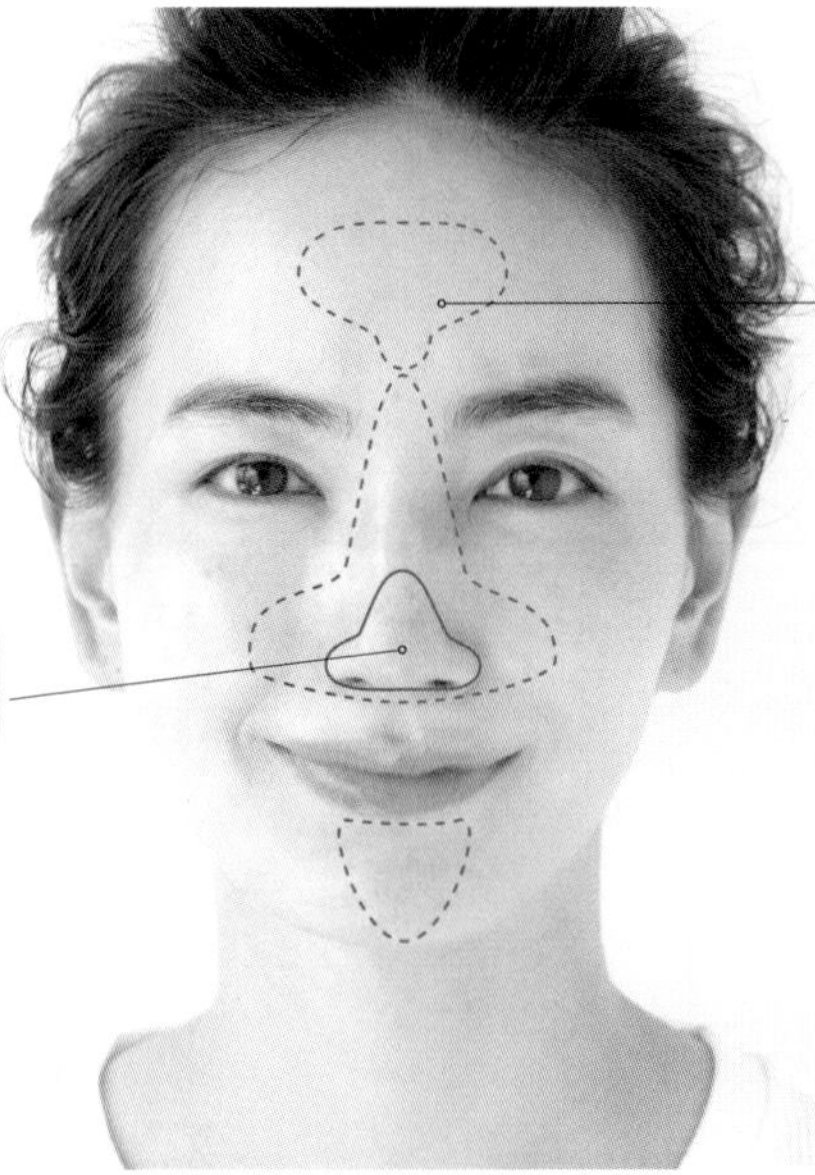

古い角質

紫外線のダメージを受けたり、加齢で肌の代謝が低下すると、古い角質がたまって、肌がザラつき、くすみやすくなります

小鼻の角栓

古い角質と皮脂が混ざると、毛穴に詰まって角栓に。そのため皮脂が多い小鼻は、角栓がたまりがちです

古い角質

古い角質を分解する酵素洗顔を使えば、肌が見違えるように明るく、なめらかに。皮脂が多く、角質がたまりやすいあごは、前に押し出すようにしてなじませて

NAGAI'S おすすめアイテム

酵素洗顔料。スイサイ　ビューティクリア　パウダーウォッシュN 0.4g×32個 ¥1800〈価格は編集部調べ〉（カネボウ化粧品）

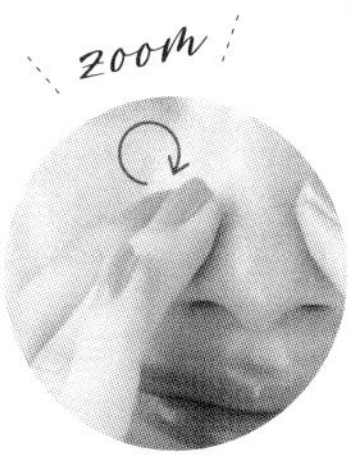

小鼻の角栓

皮脂が多い小鼻にクレンジングオイルをなじませ、汚れを溶かし出しましょう。指で小さな円を描くようにしながら、毛穴の汚れを押し出すようにします

NAGAI'S おすすめアイテム

角栓を溶かし出すクレンジングで、ザラつきをオフ。マイルドクレンジングオイル120mℓ ¥1700（ファンケル）

ラベンダー下地でくすみを解消！

手早く明るさが欲しいときはメイクでカバーを。ファンデーションの前に、頬にラベンダー色の下地を二等辺三角形に仕込みましょう

くすみ肌を明るく補整する下地。雪肌精　スキンケア UV トーンアップ ¥1500〈価格は編集部調べ〉（コーセー）

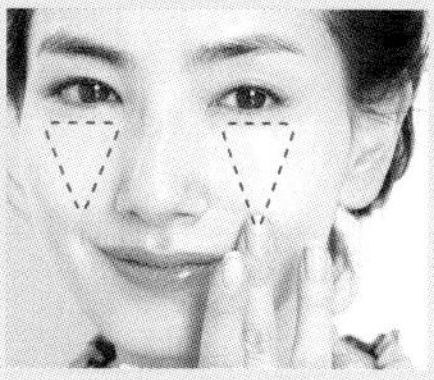

QUESTION 02

目の下の小ジワやほうれい線が気になります

A 顔のくぼみや溝部分は、指を使って念入りに保湿して

シワやほうれい線は、保湿不足が原因。化粧水や乳液をサッと塗っていませんか？ とりわけ目の下のくぼみや、ほうれい線の溝は、指が届きにくく、スキンケアの塗り忘れが発生しやすい部分。口をあけるなど、表情筋を動かして溝を開き、くぼみに指を置いて、奥までしっかり、うるおいを届けましょう。約2週間で肌の調子が変わるはず

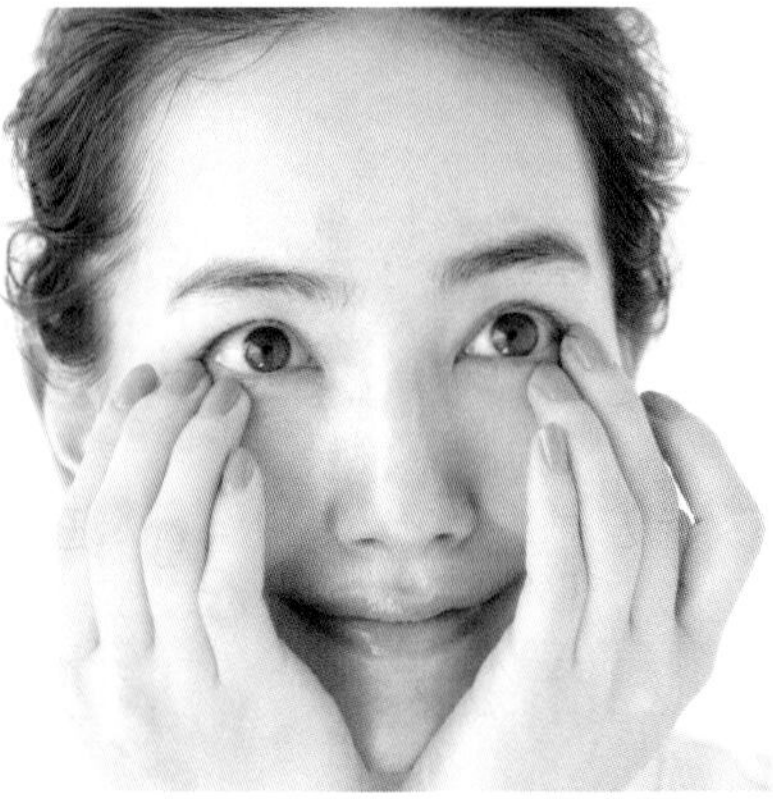

目の下

乾燥小ジワができやすい目の下は、目のキワに指を当てて保湿を。このとき、眼球を上に向けると塗りやすくなります

ほうれい線

「ヤッホー」と言うように、口を大きく開くと、ほうれい線の溝が浅くなります。溝に指先を添わせて保湿をしましょう

QUESTION 03

ツヤとテカリの違いがよくわかりません…？

Ａ 必要なツヤを消してないかパウダーの塗り方を再点検！

テカらない、くずれないメイクをキープするには、フェイスパウダーは必須ですが、「美肌ゾーン」(P.17参照) までしっかりのせてしまうと、ツヤと立体感が失われて、のっぺりした顔に…。透明感アップと、メイクが映えるメリハリ顔のためには、ツヤが命。ルースパウダーは、小鼻やおでこの皮脂ゾーンだけギュッギュッとのせるのが基本です！

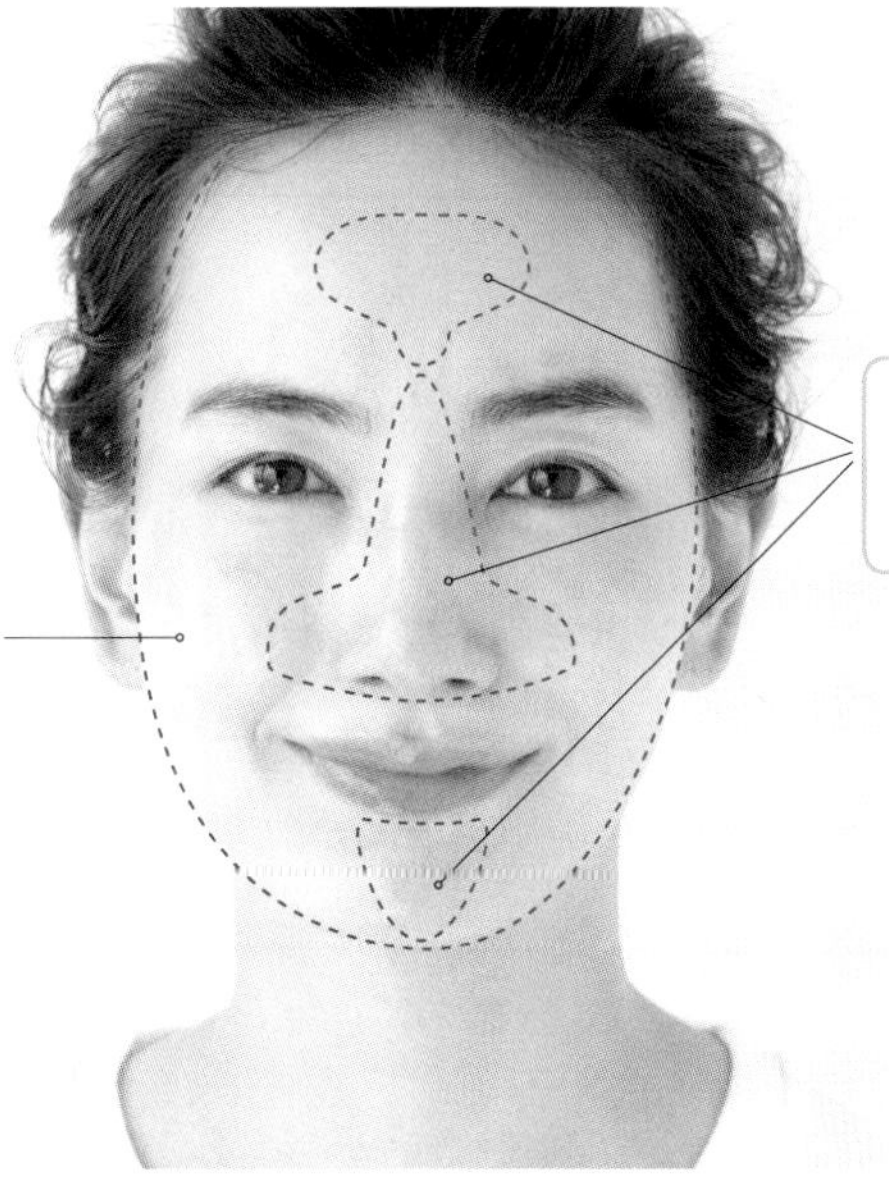

ホワホワッゾーン

ギュッギュッゾーン以外は、ツヤを残したいところ。パフをホワホワッと優しく当てて、パウダーをのせましょう。何度もたたくのではなく、1回だけホワホワッとのせる感じです

ギュッギュッゾーン

皮脂が多く、くずれやすいゾーンは、パフをギュッギュッと押し当てるようにして塗ります。小鼻の脇などの細かい部分は、パフを折り、角を押し当てるようにして丁寧に

QUESTION 04

ガンコなくま、シミがあってファンデーションだけでは消えません

▽

A 濃いくまやシミは、コンシーラーで消しましょう

小さなシミや薄いくまは、「基本の10分メイク」（P.16〜参照）で消えるはずですが、それでも目立つガンコなものは、コンシーラーで消しましょう。塗るのは、リキッドやクッションファンデのあと（パウダリーの場合は、ファンデの前）。アイシャドウチップを使って隠したあとは、リキッドファンデを塗るときに使ったスポンジで境目をなじませ、最後はフェイスパウダーをのせて固定します

“コンシーラーは、肌に密着するクリームタイプで、2〜3色入ったものがおすすめ。混ぜ合わせて自分の肌色に近づけましょう”

NAGAI'S おすすめアイテム

オレンジベージュ系の3色で、欠点をカバー。キャンメイク　カラーミキシングコンシーラー 03 ¥750（井田ラボラトリーズ）

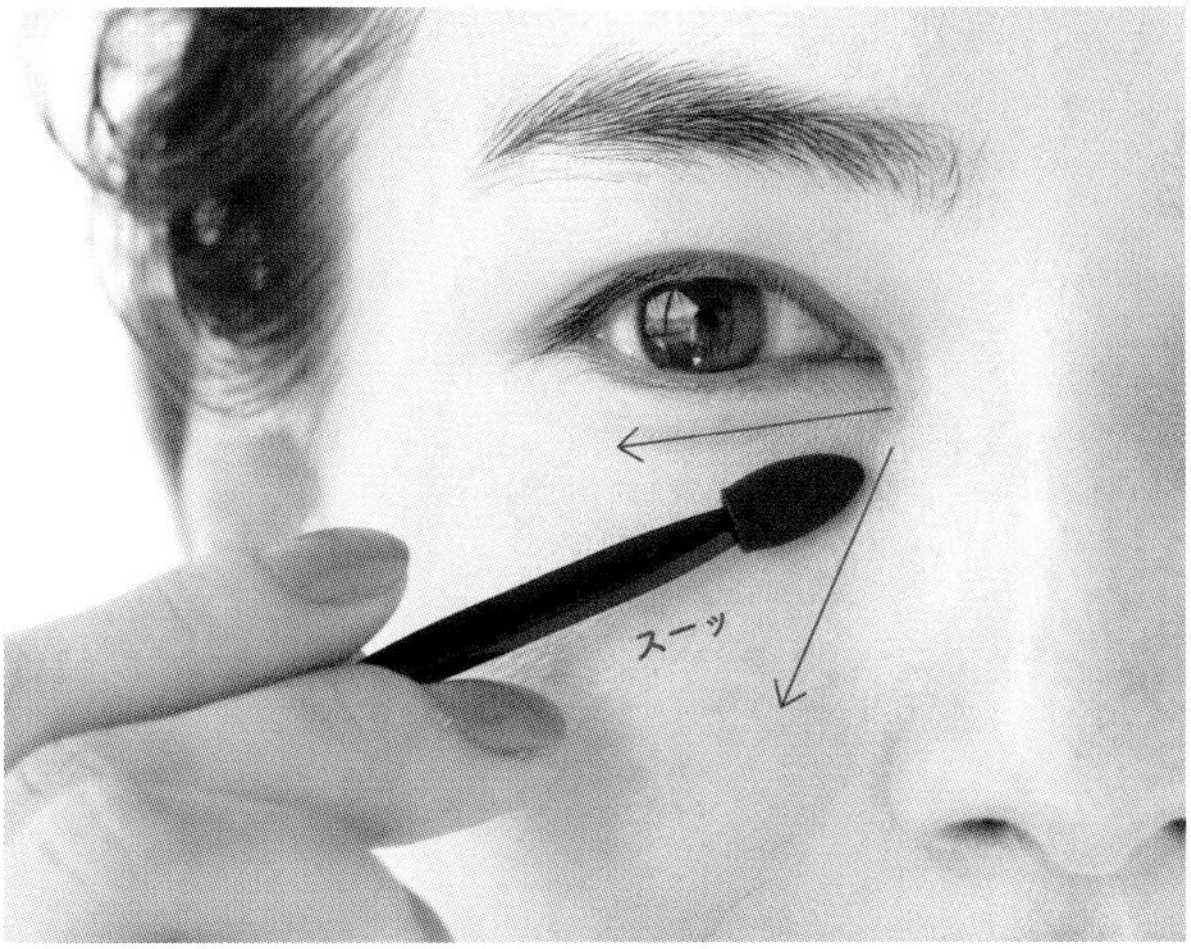

くま

コンシーラーをアイシャドウチップにとり、鳥の足跡のように、目頭下から放射状に薄くのばします。目の下は表情で動くので、薄く塗るのがポイント。色を重ねながら肌になじませて

“色を混ぜながら、
肌の色に近づけて”

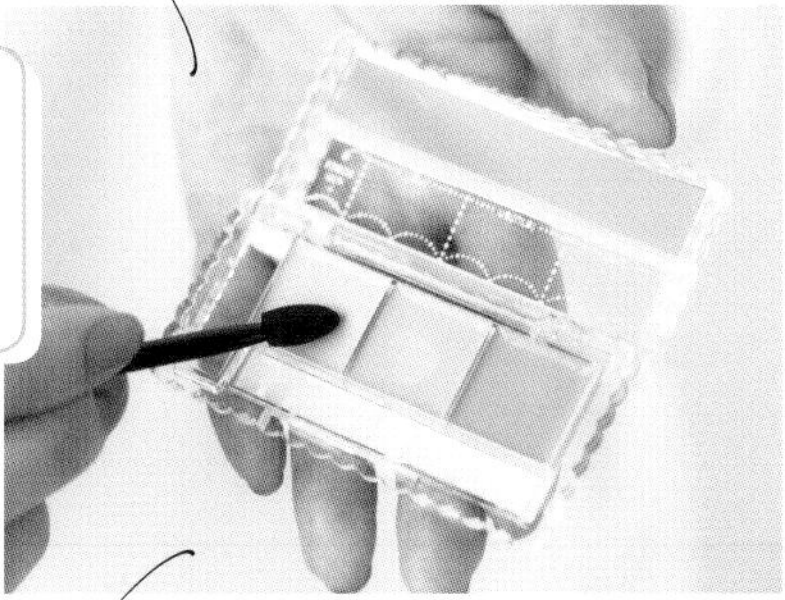

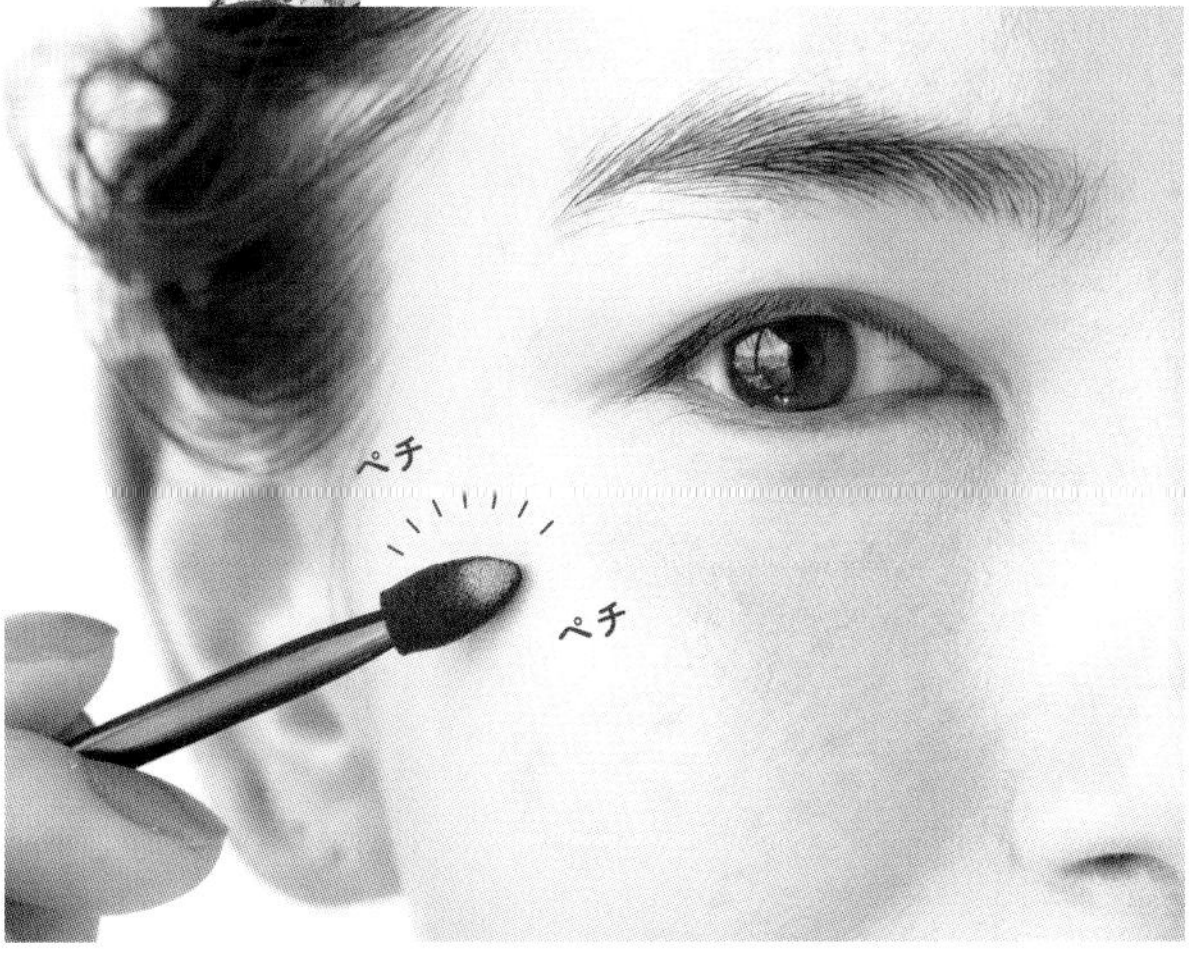

シミ

チップにコンシーラーをとり、シミ部分に垂直に置きます。点描のように数色とり混ぜながら肌の上で色を調整して、地肌になじませて。目の下や口周り以外なら、皮膚が動きにくいので少し多めに塗っても大丈夫

QUESTION 05

？パウダリーファンデをつけるとヨレるのはなぜ？

A 下地直後に塗るとヨレる原因に。なじんだタイミングを見極めて！

サッと塗るだけで、上品なセミマット肌が完成するパウダリーファンデは便利なアイテムですが、塗るタイミングを間違えると、ムラになって残念な仕上がりに。下地を塗ったら、ペトペト感がなくなるまで少し時間をおくことが大切！　また、スポンジは面を使い、軽い力で滑らせるのも、ムラづきにさせないコツです

急いでいるときはティッシュオフしても

1／下地を塗ったらペトペト感がなくなるまで待つ

下地を塗ったら、肌と一体化するまで待ちます。手の甲を当て、しっとり感が残りつつも、乾ききる一歩手前が、塗り始めのタイミング。急ぐときはティッシュで押さえても

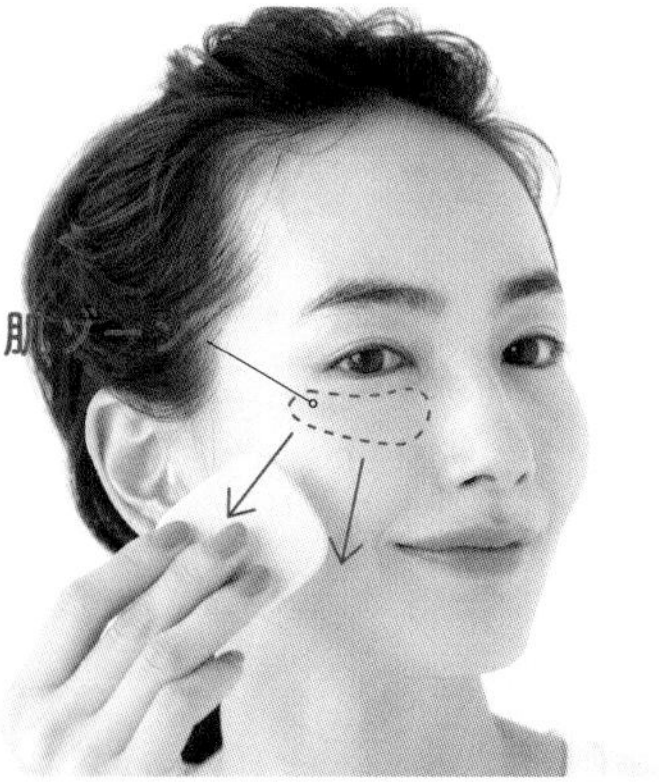
美肌ゾーン

2／スポンジの面を使い、軽く滑らすようにする

スポンジにとったパウダリーファンデは、目の下・頬骨の上の「美肌ゾーン」は置くように、それ以外は軽く滑らすようにして広げます。力を入れると下地が取れ、ムラづきに

QUESTION 06

パウダリーファンデが毛穴やほうれい線に落ちてしまいます

Ⓐ アイシャドウブラシを使って、落ちたファンデを払いましょう

スキンケアや毛穴下地をきちんと塗り、パウダリーファンデを右ページのように塗れば、毛穴や溝にファンデが落ちることはありません。でも、乾燥している日や、逆に暑くて汗が止まらない日は、ファンデがヨレれて、毛穴や溝に落ちてしまうことも…。そんなときは、清潔なアイシャドウブラシを使って、くぼみや溝のパウダーを払いましょう

毛穴落ち

アイシャドウブラシでグルグル小さな円を描いて毛穴のファンデをかき出します。ほうれい線と同様に、仕上げにフェイスパウダーを重ねます

ほうれい線落ち

キレイなアイシャドウブラシを使います。ほうれい線の溝をまたぐようにして、ブラシでヨレたパウダーを払いましょう。最後はフェイスパウダーで軽く押さえて

QUESTION 07

一重や奥二重だけど、目を大きく見せたい！

Ⓐ「彫り」を深くしたうえに、アイラインやマスカラで強調して

一重や奥二重の人は、まぶたがはれぼったく見えるので、二重の人より影やラインを強めに入れて、目を大きく見せましょう。「基本の10分メイク」で紹介したブラウンのアイカラーでつくる「彫り」（P.20参照）は深めにし、影をつくって骨格を強調。そのあと、アイラインとまつげメイクを、二重の人よりもしっかり入れるのがコツです

アイメイクでここまで変わります！

メイクあり　メイクなし

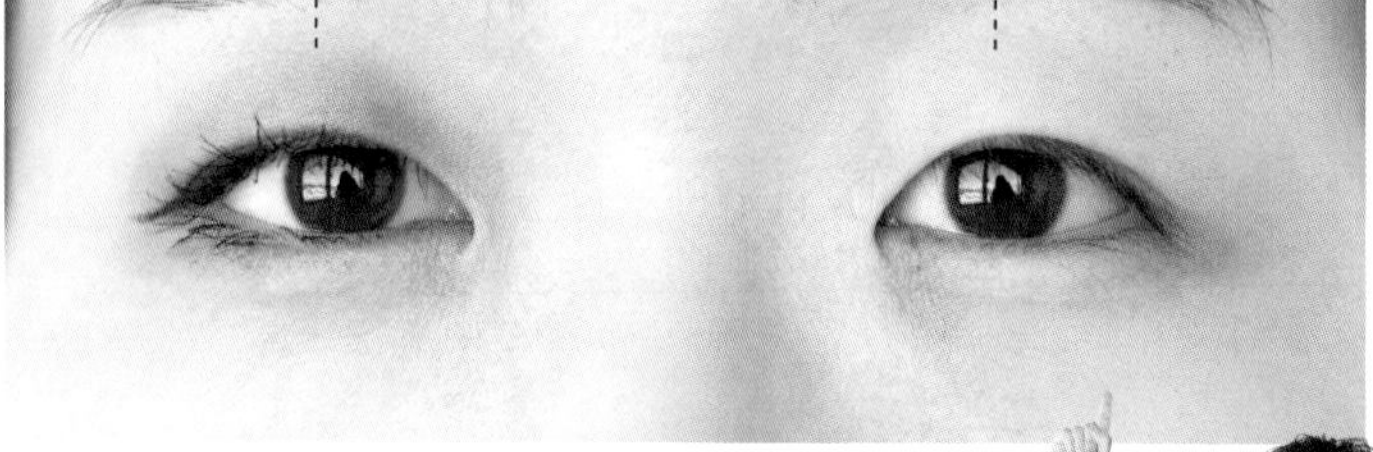

“まぶたにブラウンをしっかりのせることで、陰影が生まれて印象的に。さらにアイラインとマスカラで「線」を強調すると、重めのまぶたでぼんやりした目もクッキリ！”

(step 1)

used item

ヴィセ アヴァン シングルアイカラー 022 ¥800〈価格は編集部調べ〉(コーセー)

ブラウンのアイカラーで「彫り」をつくる

▽

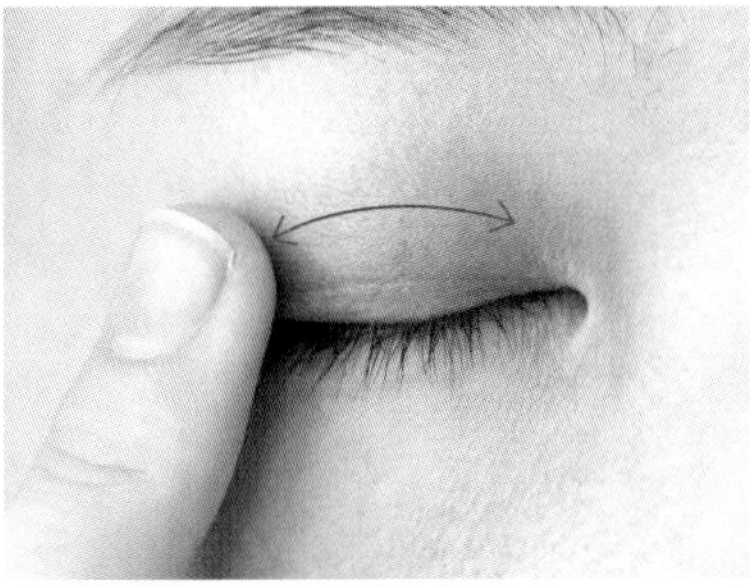

1/

ブラウンのアイカラーで「彫り」をつくる

中指にアイカラーをとり、ワイパーのように指を左右に振りながら、下から上に向かって薄くなるようアイホールに広げていきます

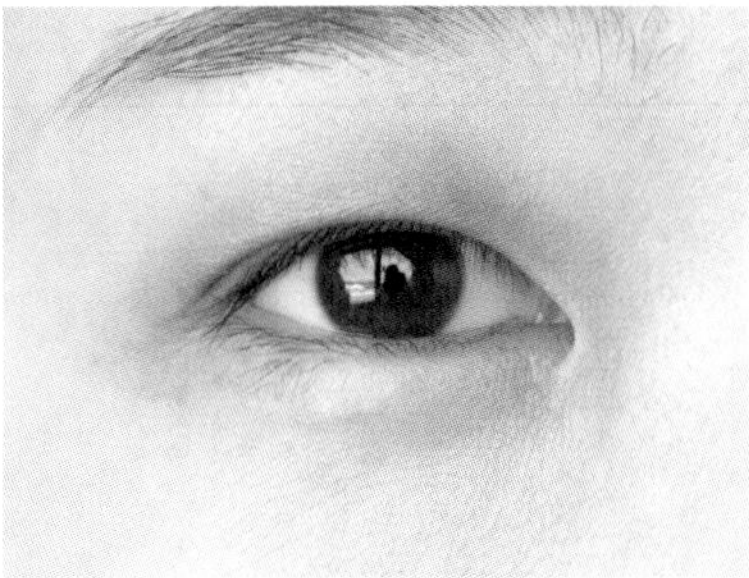

2/

途中で目をあけて奥行きを確認

陰影で目が大きく見える部分までブラウンを広げて「彫り」をつくります。目の形によって広げる範囲は異なるので、途中で目をあけて奥行きの確認を

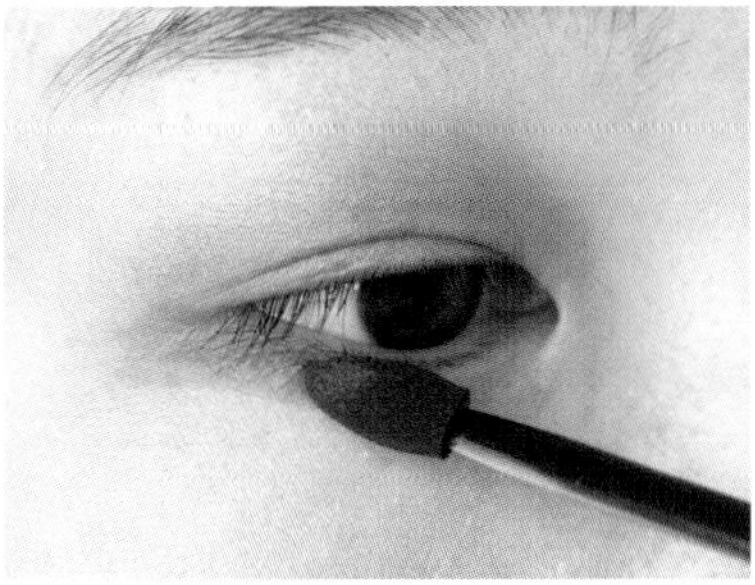

3/

下まぶたの半分まで色を入れる

ブラウンのアイカラーを細めのチップにとり、下まぶたのキワに、目尻から半分のところまで色を入れ、下まぶたも「彫り」で目を大きく見せます

アイラインで目をくっきりさせる

used item

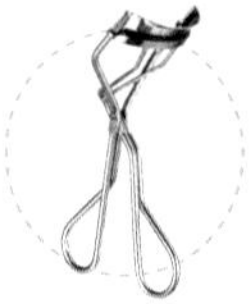

アイラッシュカーラー N 213 ¥800（資生堂）

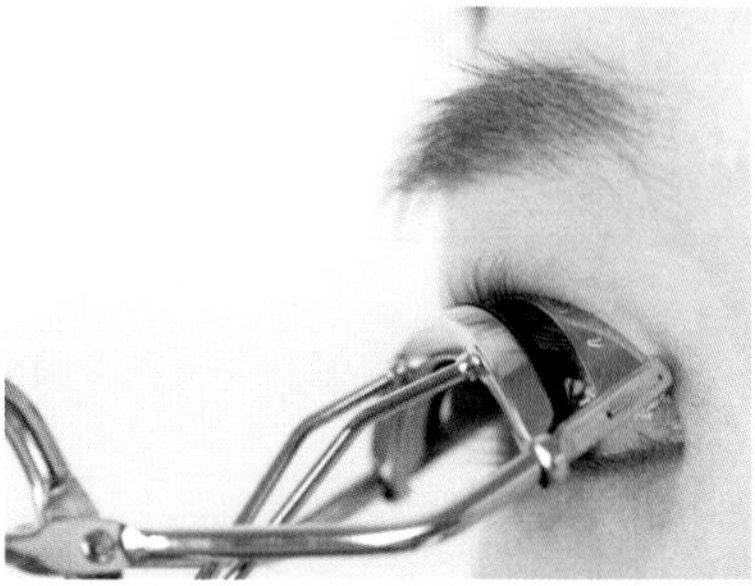

4 /

アイラッシュカーラーでまつげを上げる

一重や奥二重の人は、まぶたがまつげにかぶさっているので、まつげを根元からはさむことはできません。なので、はさむのはまつげの半分の長さのところでOK

キャンメイク　クイックラッシュカーラーセパレート01 ¥680（井田ラボラトリーズ）

マスカラ下地はマストです!

まつげのカールをキープするマスカラ下地を、このタイミングで取り入れてみて！　ハリのあるパッチリまつげをキープでき、目ヂカラがアップ！　まつげも下がりませんよ。十分に乾かしてからマスカラを塗りたいので、下地を塗ったらアイラインに進みます

used item

キャンメイク クリーミータッチライナー 03 ¥650（井田ラボラトリーズ）

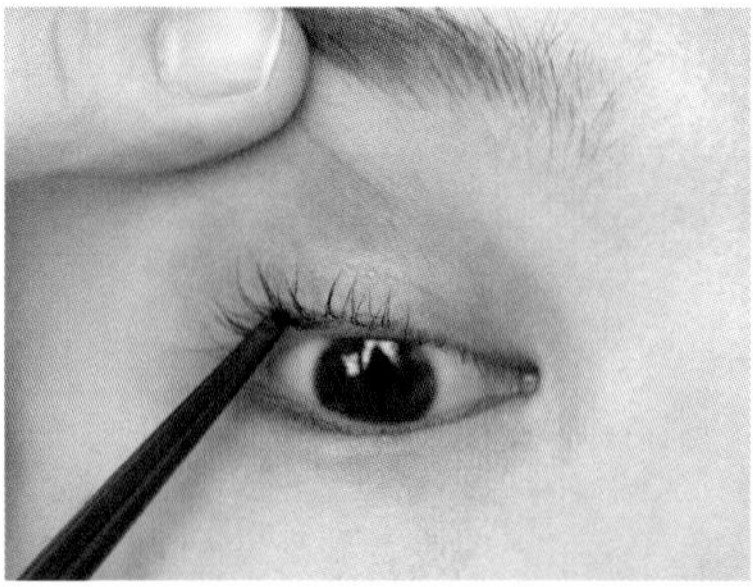

5 /

アイラインは下から打つように入れる

目をあけ、指でまぶたを引き上げて、まつげの根元を出します。アイライナーを下から打つようにして入れ、目尻⅓まで、まつげの隙間を埋めます

(step 2) まつげを持ち上げ

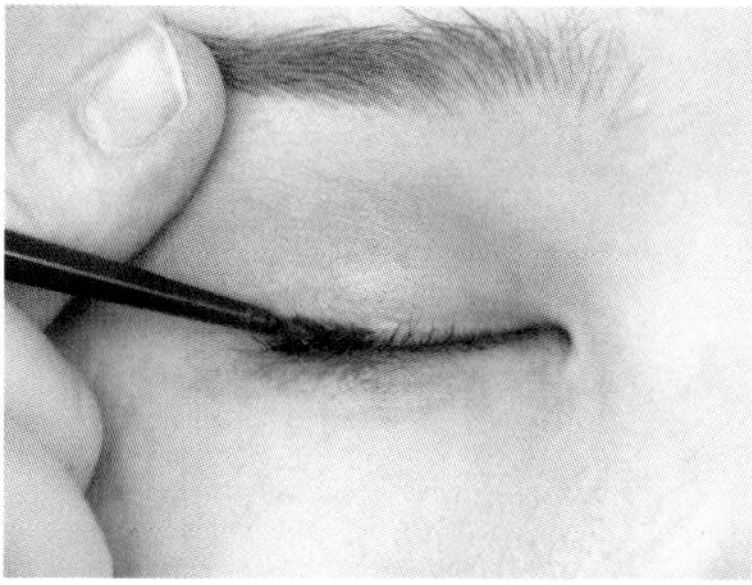

6 /

目を閉じて、上からラインをのせる

目の印象を強くするために、まぶたの上からもアイラインを描きたしましょう。目を閉じ、まぶたを引っぱりながら、目のキワの目尻⅓に上からラインをのせます

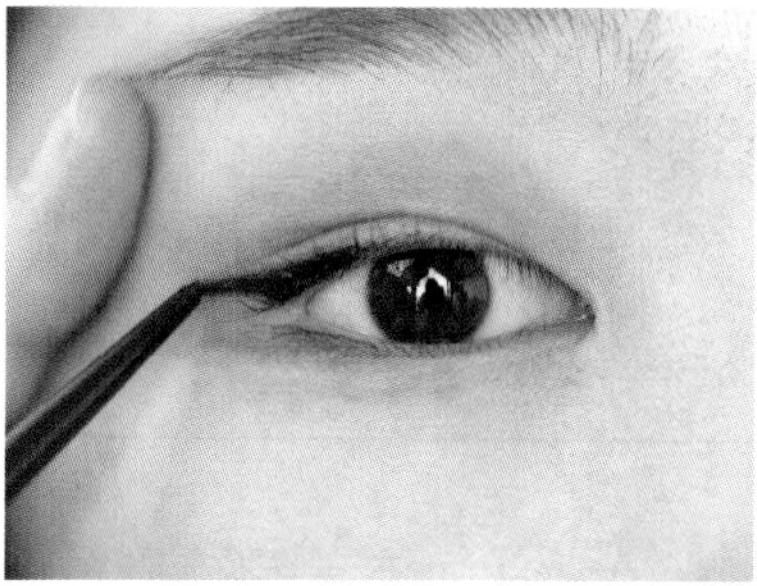

7 /

目尻を少しハネ上げ、横幅を出す

目をあけて、まぶたを目尻側に引っぱりながら、目尻から少しはみ出るように、外側に向かって切れ長のアイラインを引きます。目の横幅が出て、目ヂカラがアップ！

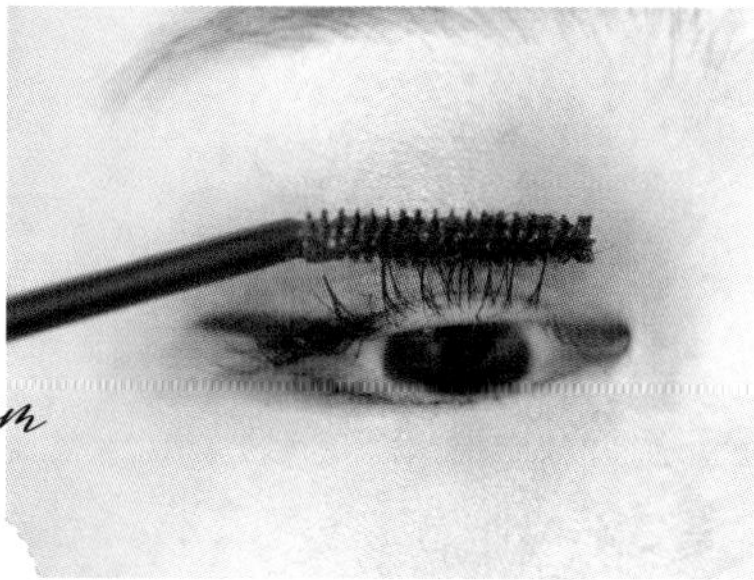

8 /

ロングタイプのマスカラをつける

ロングタイプのマスカラでまつげをピンとのばし、上下を強調し、縦幅を出します。上まつげにマスカラを塗ったら、下まつげにもマスカラをプラスしましょう

used item

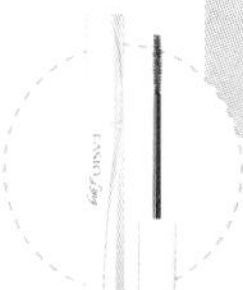

ファシオ　パワフルフィルム マスカラ（ロング）BR300 ¥1200（コーセーコスメニエンス）

QUESTION 08

自然な感じにアイラインを入れたいです

A 下から「打つ」ようにしてまつげの隙間を埋めてみて！

ブラウンのジェルタイプのアイライナーで、まつげの隙間を埋めるように下から点を打つようなイメージで入れてみて。「引く」のとは違い、自然な仕上がりに。目を大きく見せようとリキッドアイライナーでまぶたの上からがっつりラインを引くと、ちょっと時代遅れの印象になることも…。でも、この方法なら失敗もなく、自然で今どきです！

下から「打つ」ことで引くより自然なラインに！

まぶたを指で引き上げて、まつげの根元を出し、その隙間を埋めるように下から点を打つイメージで入れるだけ。引くよりも自然な印象です

NAGAI'S おすすめアイテム

やわらかな質感。インテグレート　スナイプジェルライナー BR620 ¥950〈価格は編集部調べ〉（資生堂）

QUESTION 09

アイラインでインパクトのある目元にしたい!

A 上からラインを1本プラス! デカ目効果もバッチリです

まぶたが厚めの人や、加齢でまぶたが下がってきた人は、基本のアイラインの入れ方 (P.21参照) だけだと、インパクトに欠けてしまうことも。「もう少し目ヂカラを出したい!」という人は、リキッドかジェルのアイライナーで、まぶたの上からもう1本ラインを重ねましょう。もし線がガタガタになったら、ブラウンのアイカラーでぼかせばOKです

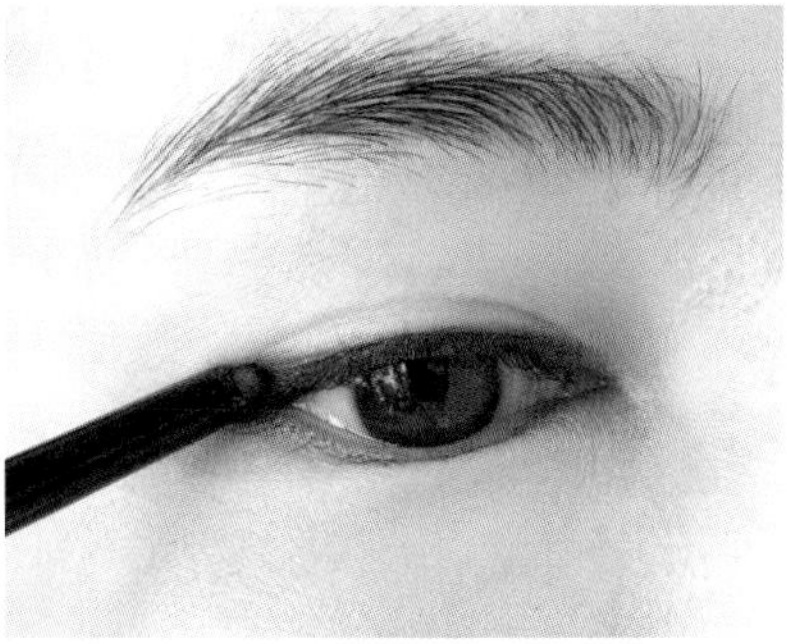

1/ 目頭から目尻までアイラインをプラス

目をあけて、目頭から目尻のキワまで上からラインを重ねます。先にアイラッシュカーラーでまつげを上げておくと、入れる位置がわかりやすくて◎

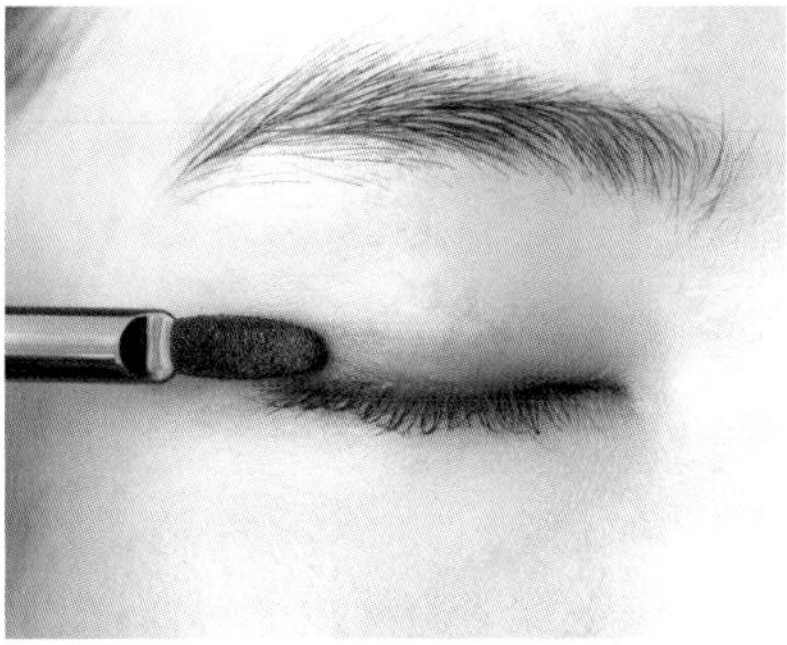

2/ ブラウンのアイカラーで線を自然にならす

ブラウンのアイカラーを細めのチップにとり、まぶたの上から目のキワをなぞります。ガタガタになったラインもキレイに仕上がり、インパクトもバッチリです!

QUESTION 10

眉がうまく描けません

A 毛量に合わせて、ペンシルや眉マスカラでカバーを

「基本の10分メイク」のやり方で眉を描いても（P.22参照）、薄くてぼんやりしてしまう、あるいは、逆に濃くて印象が強くなってしまう人は、ペンシルや眉マスカラで濃度調整を。また、眉メイクは苦手意識がある人も多いですが、あまり難しく考えないことが大切。黄金比できっちり整えるよりも、ラフに描くくらいの方が抜け感もあって自然です

“

むやみに剃る&切るはしないで!

そもそも眉は、その人の骨格に沿って生えているもの。だから正しい形はありません。むやみに剃ったり、切ったりして区画整理してしまうと、どこに眉を描いていいかわからなくなり、迷子になってしまいます。自眉はなるべく生かすようにするのがおすすめです

基本はこれだけでOK!

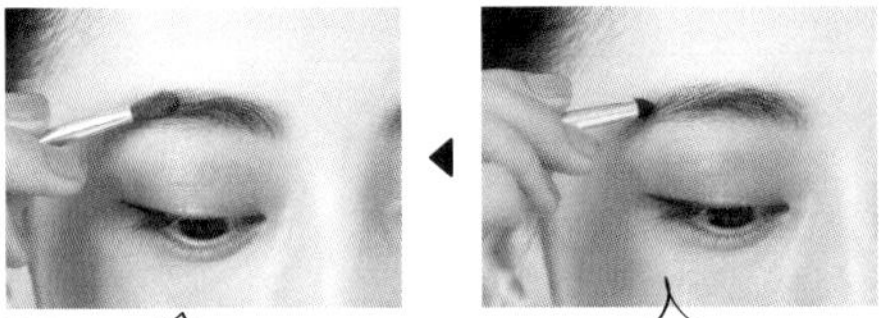

薄い色で明るさをON!

濃い色で隙間を埋める

”

（ 眉毛が薄く、少ない人 ）

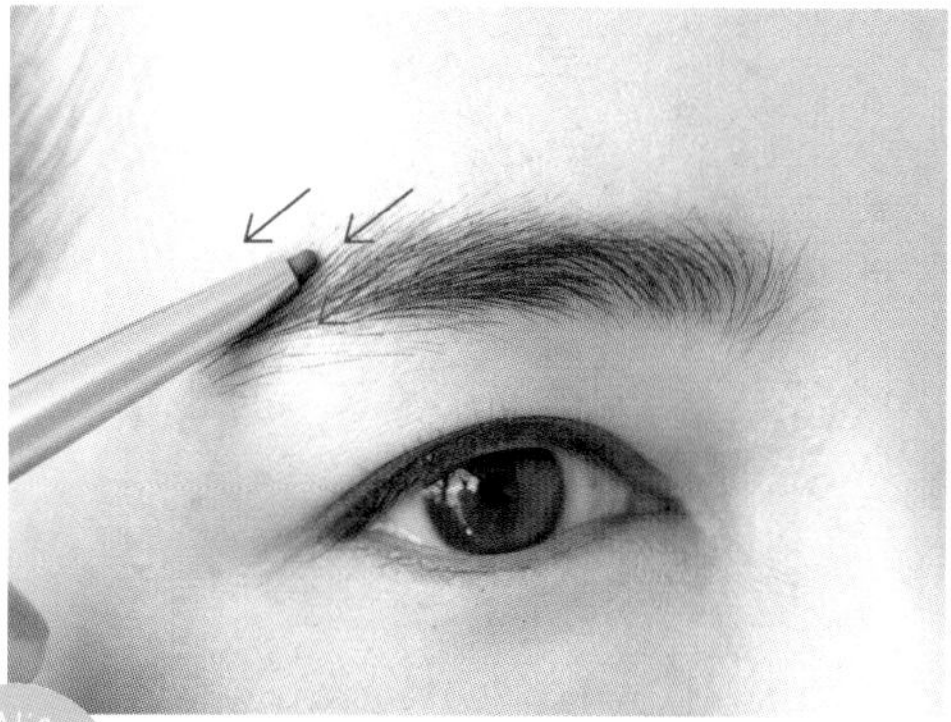

アイブロウペンシルで眉尻を描きたす

毛量が少なく、パウダーを塗っても眉尻が消えてしまう人は、アイブロウペンシルで描きたしましょう。眉尻の角度に沿って、「あったらいいな」と思う部分に描きたします

NAGAI'S おすすめアイテム

自然になじむソフトグレー。細めの丸芯で描きやすい。コフレドール　グラン　ソフトペンシルアイブロウ GY-01 ¥2100〈価格は編集部調べ〉（カネボウ化粧品）

（ 眉毛が濃く、多い人 ）

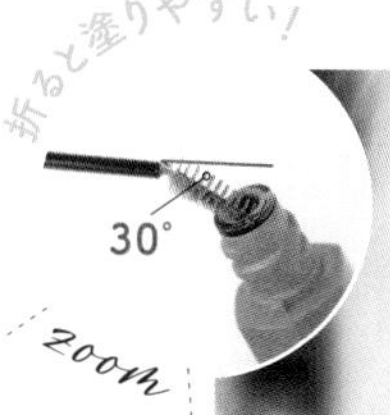

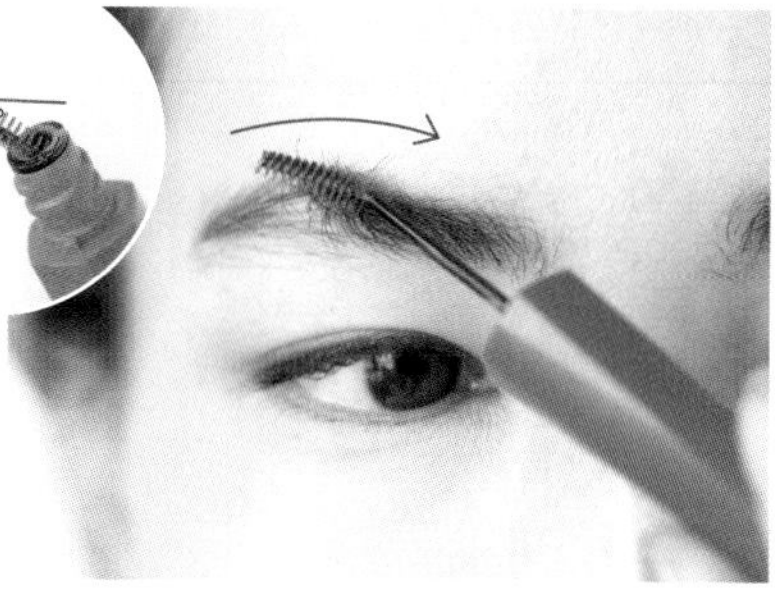

アイブロウマスカラで明るい色にする

毛量が濃い＆多い人は、眉マスカラで明るい色に染めて印象を軽くして。眉尻から毛流れに逆らうようになぞったあと、毛流れに沿ってとかすようにして塗ります。地肌につけないよう注意

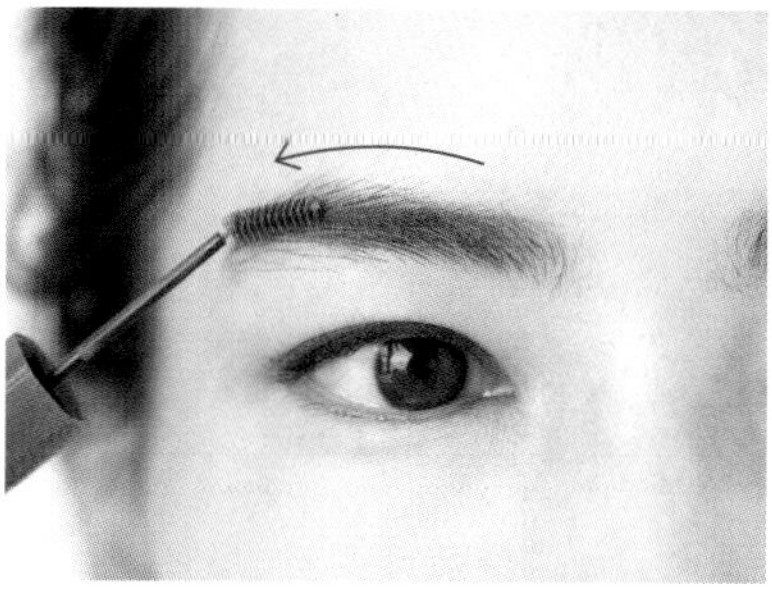

NAGAI'S おすすめアイテム

浮くことなく、自眉となじむ明るめの発色。元の色を抑えて、ふんわり、やわらかな印象に整えます。デジャヴュ　アイブロウカラー　ナチュラルブラウン ¥800（イミュ）

QUESTION 11

アイカラーパレットが使いこなせません

A 暖色系、寒色系それぞれ塗り方を変えれば簡単です

メイク気分を盛り上げるアイカラーパレット。どう使いこなしていいか迷いがちですが、濃いブラウンと明るいベージュがセットされているものを選べば、大丈夫。ブラウンとベージュをベースカラーにし、あとはアクセントカラーが暖色なら「面」で、寒色なら「線」で塗ることを覚えておけば、失敗なくおしゃれに仕上がりますよ！

1／濃いブラウンをまぶたにのせる

濃いブラウンで「彫り」をつくります。途中、目をあけて確認しながら、奥行きを感じられる「彫り」が出るところまで、指の腹でアイカラーを塗り広げます

2／明るいベージュを涙袋に入れる

明るいベージュは、涙袋にやや細めに入れます。アイカラーをアイシャドウチップにとり、涙袋の半分の幅に色を置きながら、目尻$\frac{1}{3}$まで色づけて

3／アクセントカラーを塗る

寒色系は、まぶたのキワに「線」で入れる

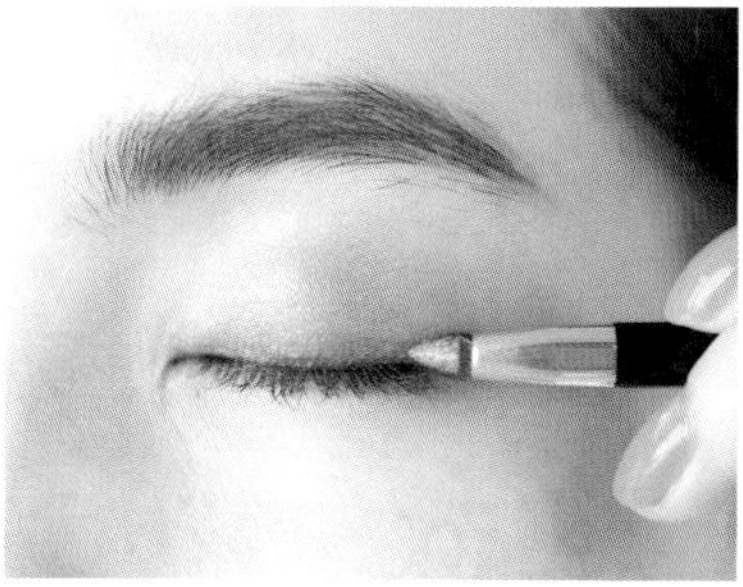

ブルーなどの寒色系の色（★）は、まぶたのキワにライン状に入れるとスッキリとした目元に。細めのチップを、目頭から目尻に向かって滑らせて目のキワを色づけます

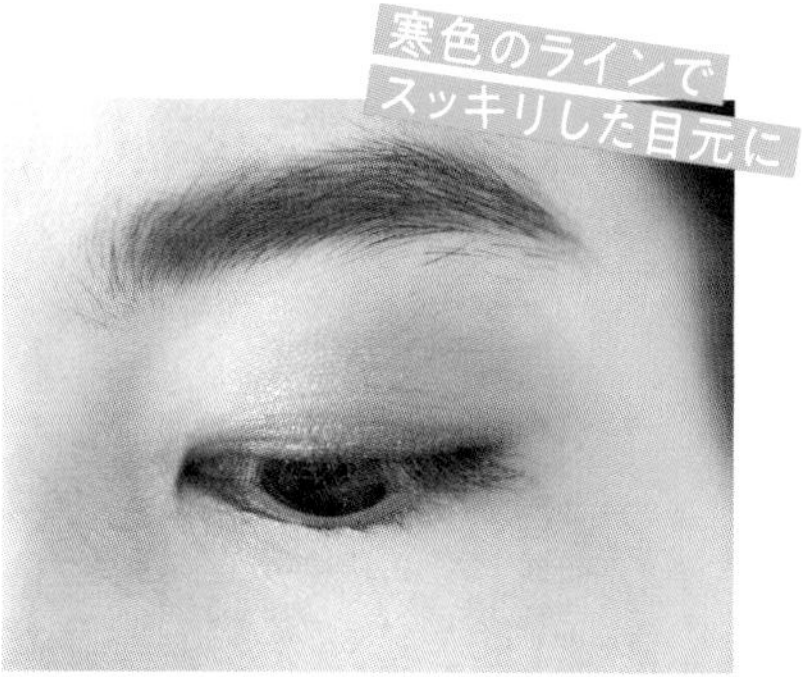
寒色のラインで
スッキリした目元に

COFFRET D'OR

明るめのブルーが、目元に、涼やかで洗練されたアクセントをプラス。コフレドール　ヌーディインプレッションアイズ 03 ¥2800〈価格は編集部調べ〉カネボウ化粧品

暖色系は、薄く広く「面」でのせる

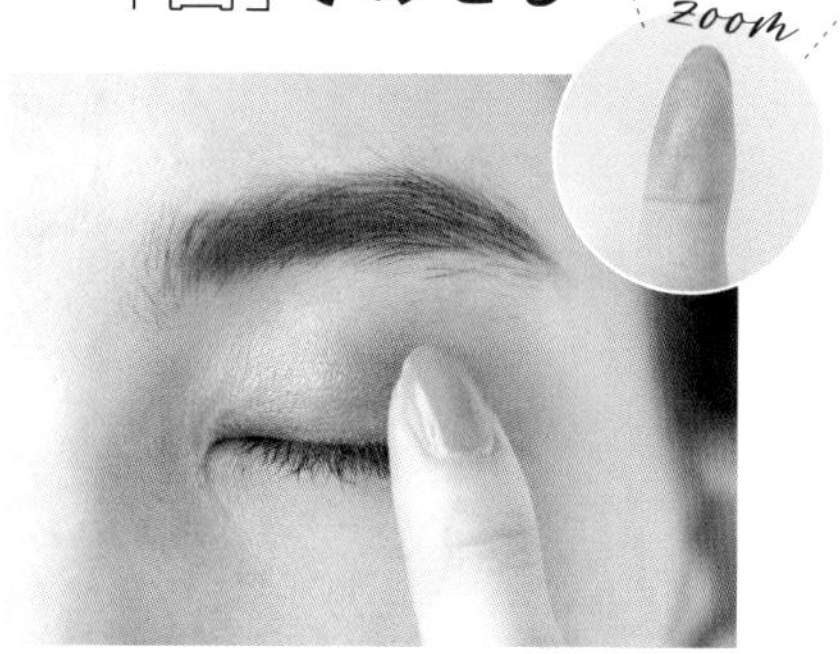
zoom

オレンジやピンクなどの暖色系の色（♥）は、まぶたに薄くのせるのがポイント。濃いブラウンの「彫り」の上から、指紋認証のように軽くタップしながら押すようにのせると、まぶたがはれぼったく見えません

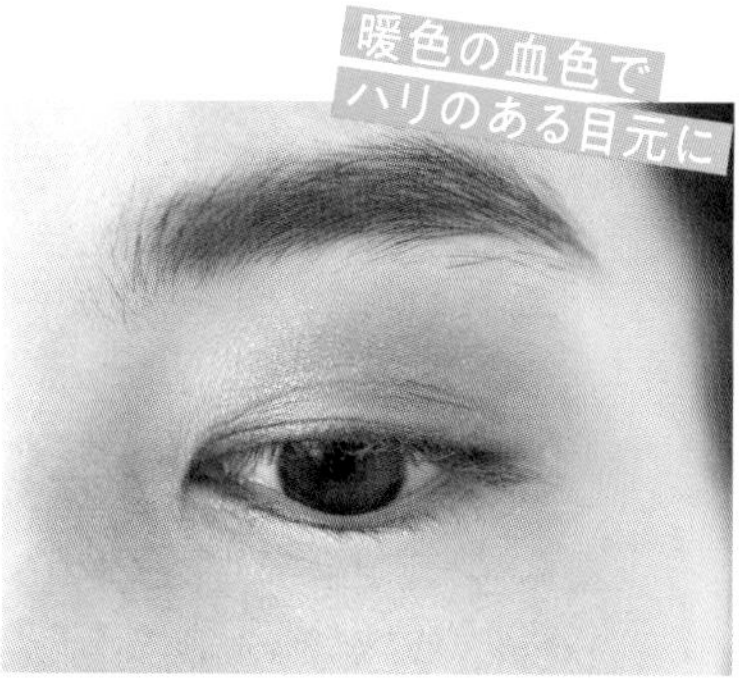
暖色の血色で
ハリのある目元に

オレンジをキーカラーにしたブラウンのセット。黄み寄りの肌に合わせやすい。ケイト　デザイニングブラウンアイズ BR-3 ¥1200〈価格は編集部調べ〉（カネボウ化粧品）

QUESTION 12

まぶたのたるみが目立つようになってきました

A まつげを上げれば、まぶたも上がります！

年齢とともにたるみやすくなるまぶたは、まつげメイクの力を借りて、上げていきましょう。アイラッシュカーラー→マスカラ下地→カールタイプのマスカラ、というステップでまつげを上げると、まぶたのたるみを目立たなくできます。また、まぶたがたるみやすい人は「パンダ目」になりやすいので、下まぶたにパウダーを仕込むと安心です

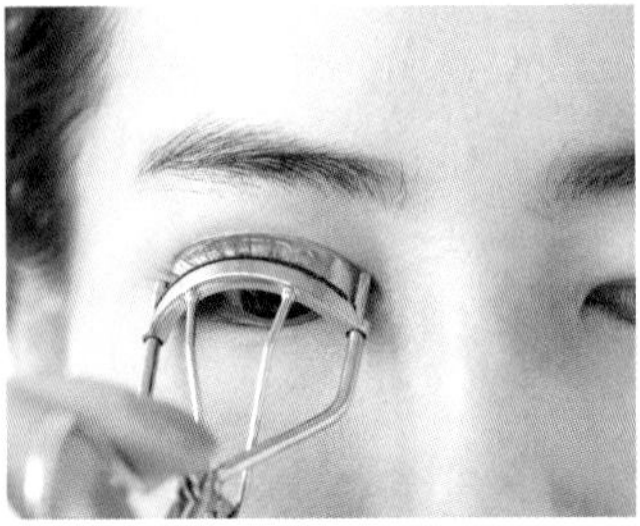

1/ まぶたにアイラッシュカーラーを押し当てる

まぶたのカーブに、アイラッシュカーラーのカーブを合わせて押し当て、まつげを根元から起こしたら、まつげの中間をはさみます

2/ まつげをカチカチと小刻みにはさんで上げる

カチカチとはさみながら、少しずつカーラーを毛先に移動。同時にひじを上げ、脇を開き、手首を返しながら、毛先までしっかり上げていきましょう

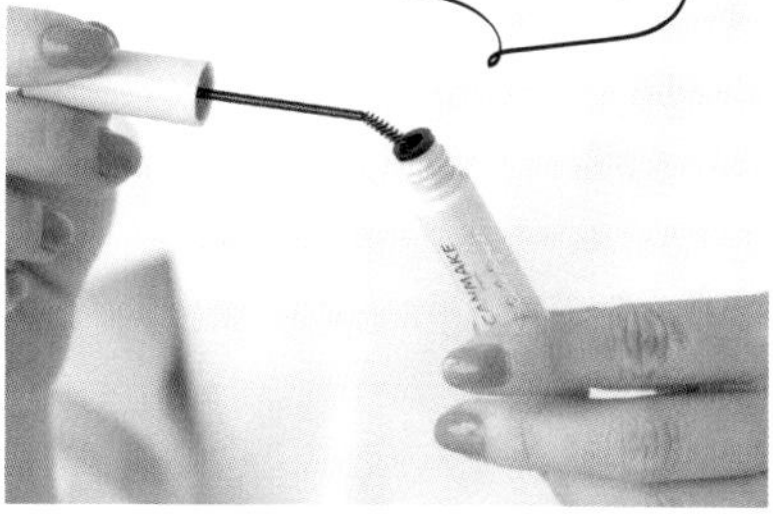

3 /

マスカラ下地で
カールキープ

マスカラ下地の軸を30度に折ったら、まつげの根元からとかし上げるようにして塗ります。下地を塗ると上向きカールをキープできるので、パンダ目防止に

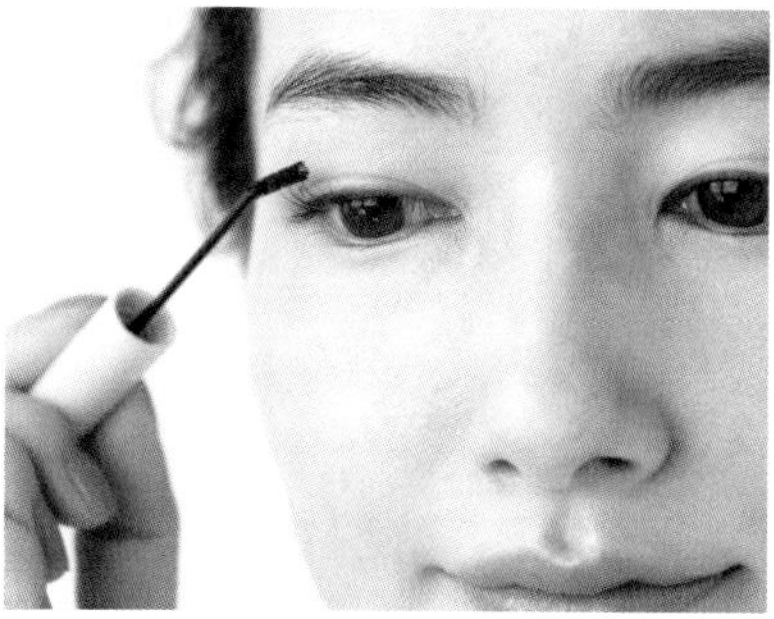

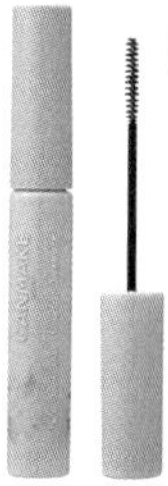

NAGAI'S
おすすめ
アイテム

目の詰まったブラシがまつげを上げ、美しくセパレート。キャンメイク　クイックラッシュカーラーセパレート 01 ¥680（井田ラボラトリーズ）

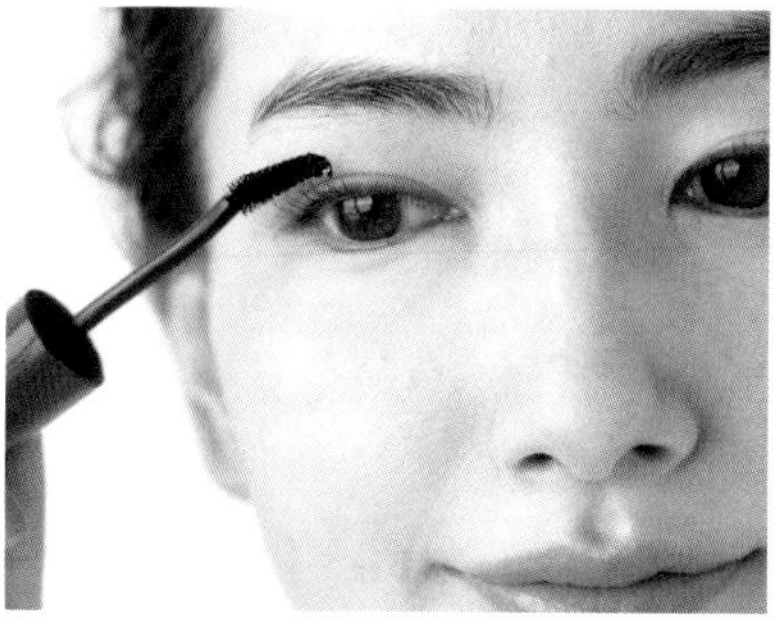

4 /

カールタイプの
マスカラを塗る

マスカラ下地が乾いたら、マスカラを重ねましょう。根元にブラシを当て、グッと持ち上げるようにして上向きまつげにすると、まぶたも上がります

NAGAI'S
おすすめ
アイテム

束感としっかりしたカールのまつげをつくります。ファシオ　パワフルカール マスカラ EX（メガボリューム） BK001 ¥1200（コーセーコスメニエンス）

目の下パウダーで「パンダ目」防止!

下まぶたにアイメイクがつく「パンダ目」は、フェイスパウダーでブロック。下まぶたの目尻側にアイシャドウブラシでのせましょう

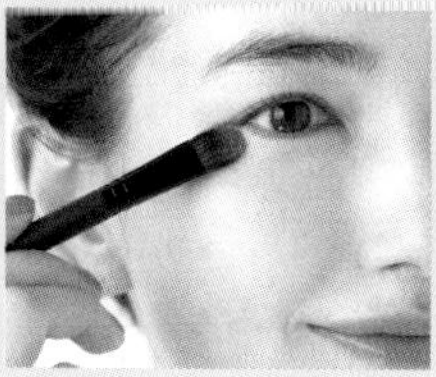

QUESTION 13

唇の縦ジワを目立たなくする方法は？

A ツヤの力でシワを消すシアーリップを味方にしましょう

最近はリップの質感がよくなり、唇の縦ジワが目立ちにくくなっていますが、それでも気になる場合は、ツヤのあるシアーリップを使ってみて。光の効果でふっくら見えるから、シワが目立たなくなりますよ。さらに、「グリグリ塗り」をすると、シワにリップが入り込むから、唇がプリッと見えておすすめです

「シアーリップ」とは？

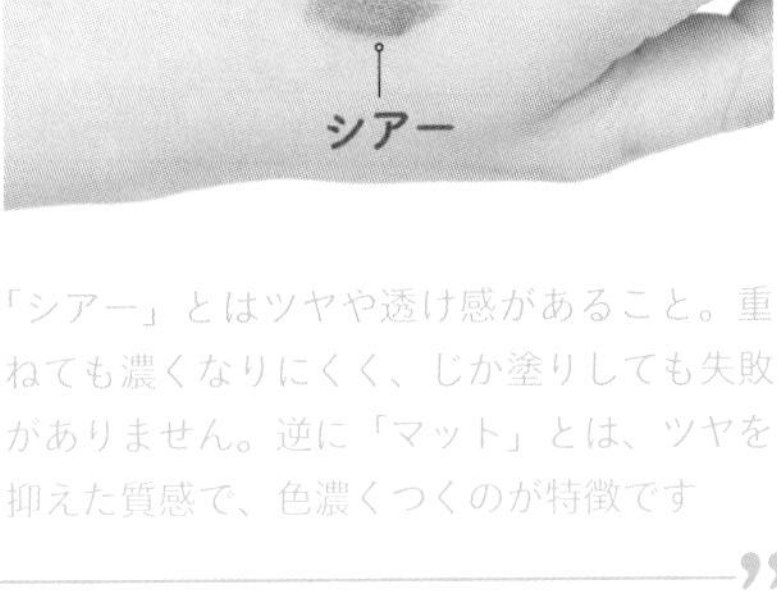
マット
シアー

「シアー」とはツヤや透け感があること。重ねても濃くなりにくく、じか塗りしても失敗がありません。逆に「マット」とは、ツヤを抑えた質感で、色濃くつくのが特徴です

シアーは
ふっくら感を
演出しますよ

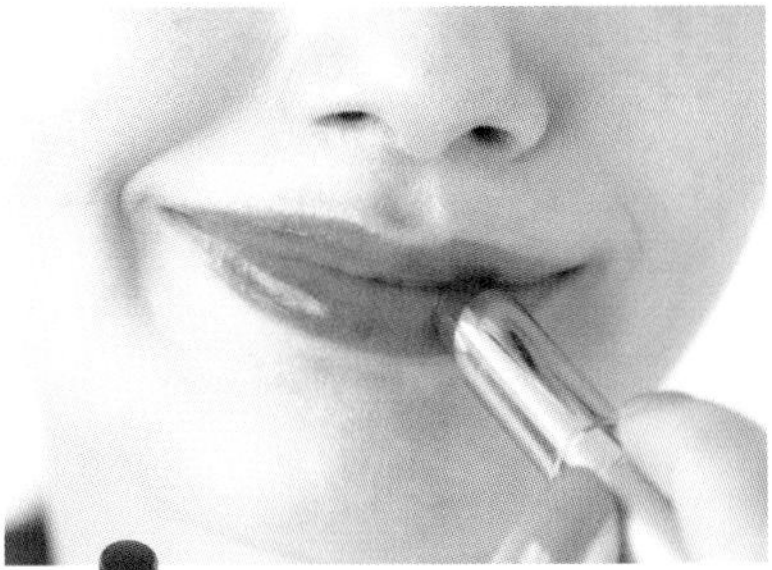

1/

唇を「イー」と横に広げ、リップを「グリグリ塗り」

唇を横に広げ、縦ジワをピンとのばしたら、リップで小さな円を描く「グリグリ塗り」を。シアーなので、少しくらいはみ出しても問題なし！

落ちにくく、マスクにもつきにくいティントリップ。リップクリームのように軽やかなつけ心地で、唇に極上のツヤとほどよい血色を与える鮮やかなレッド。オペラ リップティント N 01 ¥1500（イミュ）

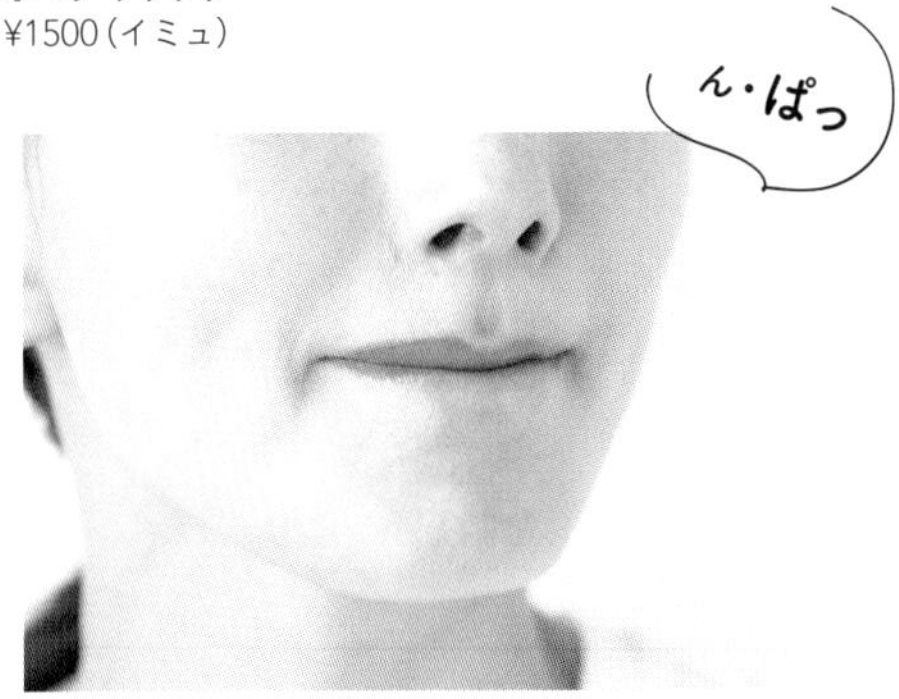

2/

なじませて自然な仕上がりに

上下の唇を引き込み「ん・ぱっ」とこすり合わせ、なじませます。唇のフチを指でなぞり、リップのアウトラインをあいまいにすると、より自然な仕上がりに

マットなリップでシワを目立たなくするには

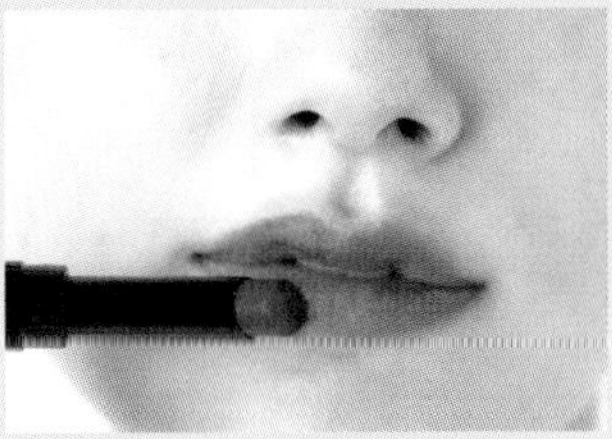

まずリップクリームをしっかり塗って、唇をうるおわせてから表面をティッシュオフして、油分を抑えます。次にリップを歯ブラシのように持ち、力を入れずに、さするようにして塗りましょう。最後は「ん・ぱっ」となじませると、シワが目立たず、自然な色づきに

均一に広がり、リッチな発色で唇を彩るマットリップ。ヴィセ アヴァン　リップスティック クリーミーマット 104 ¥1600〈価格は編集部調べ〉（コーセー）

“いい感じ”の

メイクを手に入れて

いつもご機嫌な自分でいよう

message from Kaori Nagai

長井流の時間がなくてもできるメイクやヘアのテクニックをご紹介した1冊、皆さん楽しんでいただけましたか？　メイク欲がわいてきて、なんだかワクワクするお手伝いができたのなら、それはなによりもうれしく、私にとって大きな喜びです。

この本でご紹介したテクニックは、たくさんありますが、必ずしもすべてを完璧にしなくても大丈夫！　自分のライフスタイルやファッション、そしてなによりキャラクターに合っていて、「やってみたい！」と思ったものを選んで実践してみてくださいね。

また、ライフステージや環境の変化で、「必要とする美容」が変わっていくことがあると思います。この本を読み返すなかで、「やってみたい！」と思うページも変わってくるかもしれません。そんなときは、ぜひ興味がわいたものから、どんどんトライしてみてください。まずは、メイクを楽しむこと。これが自分らしい〝いい感じ〟を手に入れるいちばんのコツです。

この本がテーマにした「10分」のように、どうかメイクやヘアをもっと気軽に楽しんで、あなたにとっていちばんの〝いい感じ〟を手にしてくださいね。ここでご紹介した美容のあれこれは、これからも、皆さんの毎日や人生のお役に立てることばかりだと思っています（長井、自信アリです！）。

大切なのは〝気持ち〟。メイクやヘアに、正解も決まりもありません。毎日、肩ひじ張らず、自然体でいられたらそれでいいと思うのです。どうぞ無理せず楽しんで、この本とともにメイクと気軽につき合っていってくださいね♡私もこれからもそうしていくつもりです。

今後も、皆さんのメイクのお手伝いができれば、うれしく思います。皆さんの毎日がさらにハッピーになりますように。ラクしながらね♡

――長井かおり

SHOP LIST

アクセーヌ　TEL.0120-120783

アリミノ　TEL.0120-945-334

井田ラボラトリーズ　TEL.0120-44-1184

イミュ　TEL.0120-371367

ウテナ　TEL.0120-305-411

エテュセ　TEL.0120-074316

MIMC　TEL.03-6455-5165

エレガンス コスメティックス　TEL.0120-766-995

オルビス　TEL.0120-010-010

花王（キュレル）　TEL.0120-165-698

かならぼ　TEL.0120-91-3836

カネボウ化粧品　TEL.0120-518-520

Clue　TEL.03-5643-3551

コーセー　TEL.0120-526-311

コーセーコスメニエンス　TEL.0120-763-328

コーセーコスメポート　TEL.0800-222-2202

KOKOBUY　TEL.03-6696-3547

SHOP LIST

資生堂　TEL.0120-81-4710

シャンティ　TEL.0120-56-1114

セザンヌ化粧品　TEL. 0120-55-8515

ちふれ化粧品　TEL.0120-147420

DHC　TEL.0120-333-906

常盤薬品工業　TEL.0120-081-937

ファンケル　TEL.0120-35-2222

プリオール（資生堂）　TEL.0120 - 88-0922

マツモトキヨシ　TEL.0120-845-533

マキアージュ　TEL.0120-456-226

ミルボン　TEL.0120-658-894

桃谷順天館　TEL.0120-12-4680

ヤーマン　TEL.0120-776-282

ラ ロッシュ ポゼ　TEL.03-6911-8572

リンメル　TEL.0120-878-653

ロージーローザ　TEL.0120-25-3001

STAFF

アートディレクション	江原レン（mashroom design）
デザイン	江田智美、森 紗登美（mashroom design）
撮影	天日恵美子（人物）、林 紘輝（物）
モデル	辻元 舞、今井りか、鈴木サチ、石川理咲子、石上智恵子、宮本りさ
スタイリスト	鈴木亜希子
ヘアメイクアシスタント	金澤美保、大木未歩
マンガ	カツヤマケイコ
校正	小出美由規
DTP制作	ビュロー平林
制作協力	寺本衣里加
構成	平川 恵
編集	川井明子

長井かおり *Kaori Nagai*

大手化粧品メーカーの人気ビューティアドバイザーとしてデパートに勤務したのち、2005年にヘア＆メイクアップアーティストに転身。雑誌、広告、テレビなどで女優やモデルのメイクを多数手がける。2016年に出版した『必要なのはコスメではなくテクニック』（ダイヤモンド社刊）が大ヒット。これまで5冊の著書を出版し、累計25万部を突破している。現在は『ESSE』など多くの女性誌やWebでメイク連載をもち、化粧品メーカーとのコラボ商品の開発なども手がける。長年、定期的に開催している「パーソナルメイクトレーニング」は予約が取れないほど大人気。

Twitter　@nagaikaori0918
Instagram　@kaorimake
Web　https://www.nagaikaori.com/

時間がなくても、大丈夫！

10分で“いい感じ”の自分になる

2020年11月30日　初版第1刷発行

著　者　長井かおり
発行者　久保田榮一
発行所　株式会社扶桑社
〒105-8070
東京都港区芝浦1-1-1　浜松町ビルディング
電話　03-6368-8873（編集）
03-6368-8891（郵便室）
www.fusosha.co.jp
印刷・製本　凸版印刷株式会社

ISBN978-4-594-08657-2

本書は『ESSE』に掲載した内容に追加、再構成したものです